英語長文

レベル別問題集

改訂版

3 標準編

東進ハイスクール・東進衛星予備校 講師

安河内哲也　大岩秀樹
YASUKOCHI Tetsuya　OIWA Hideki

 東進ブックス

まえがき

　「英語長文レベル別問題集」の世界へようこそ。この問題集は各種の試験におい
てますます出題が増加している長文読解を，段階別に音声や動画を使って訓練で
きるように工夫されたシリーズです。**自分に最も合ったレベルから，小さなステ
ップを踏み，練習を重ねることによって，第一志望合格レベルに到達することを
目標としています。**レベル①は中学２年生レベルから始まり，レベル⑥は，最難
関大学に対応できるレベルとなっています。この間の細かなレベル分類の中に，
必ず自分のスタートすべきレベルが見つかるはずです。

　このシリーズにおいては，英文の内容が偏らないように様々なテーマの英文を
選択しました。同じようなテーマの英文が連続し，興味を失うことのないよう，
配列にも工夫をしています。長文読解は，**「単語」「熟語」「構造」だけではなく，内
容に関する豊富な知識を持つことが非常に大切な学習分野**となります。様々なテー
マの英文を楽しんで読み進めることにより，英文を読むために必要な一般常識
の力もいっしょに身につけていきましょう。

　また，長文読解と一言で言っても，「単語」「熟語」「構造把握力」「速読力」など，
すべての英語の力を結集して行う「総合技術」のようなものです。だから，「これ
をやればすぐにできるようになる」といった単純な処方箋がないのです。

　本書を学習する皆さんは，このような長文読解の特徴を十分に理解し，コツコ
ツと正攻法で学習を進めてください。特に，速読力を身につけるためには，英文
を一度読んで答え合わせをするだけではなく，**英文をしっかりと理解したうえ
で，繰り返し聞いたり，音読したりすることが極めて重要**です。ぜひ，本書付属
の音声や動画を活用し，繰り返して英語に対する反射神経を磨いてください。最
終的には，学習した長文を耳で聞いてすべてわかるようにしてしまいましょう。

　この問題集の大きな特徴は「使いやすさ」です。限られたページ数の中で，学習
が能率的に進められるよう，工夫の限りを尽くしたデザインとなっています。

　重要度からすれば，まさに入試の核とも言えるのが「長文読解」の学習です。本
書を片手に受験生の皆さんが**「将来も役に立つ長文読解力」**を身につけてくれる
ことを祈り，応援しております。

安河内 哲也／大岩 秀樹

● 改訂のポイント ●

1 古いトピックの長文を削除し，**最新の傾向に合った長文を新規収録**※しました。

2 複雑な構造の文章やつまずきやすい文章に対し，**構文解説**を追加しました。

3 複数のナレーター（アメリカ人／イギリス人／インド人）の音声を収録しました。

4 学習効果を飛躍的に高める**2種類の動画コンテンツ**を追加しました。

※レベル③では12題中3題を新規差し替え

レベル③の特徴

こんな人に最適！

☑ 大学入試基礎〜標準レベルの英文読解力を身につけたい人
☑ 長文を時間内に正確に読めるようになりたい人
☑ 英検準2級合格〜2級受験を目指す人

レベル③の位置付け

　このレベルは**大学入試基礎〜標準レベル**です。大学受験生といっても，多くの人はこのレベルの長文をすばやく読むことには苦労するはずです。長文読解力は，ゆっくり解釈して意味がわかるだけでは不十分です。このレベルの英文がすばやく，時間内に読めるようになるために，**時間を計って訓練しましょう。**

　レベル③はレベル②に比べ，ますます語彙・内容のレベルも高くなります。このレベルの英文に登場する英単語は，これから先のレベルにおいても読解の基礎となる非常に重要なものばかりです。この問題集を単語集としても利用し，単語力の基礎を今のうちに固めておきましょう。

あと少しで大学入試基礎レベルは完成！

　このレベルの英文がすらすら読めるようになると，**一般私大レベル・英検準2級レベルの英文を読み解く**ことができるようになります。さらにこのレベルの英文を何度も繰り返し，速く読む訓練をすることにより，**大学入試の英文を時間内に処理する力**が身につきます。

▼志望校レベルと本書のレベル対照表

難易度	偏差値	志望校レベル 国公立大（例）	私立大（例）	英検	本書のレベル（目安）
難	〜67	東京大，京都大	国際基督教大，慶應義塾大，早稲田大	準1級	⑥最上級編
	66〜63	一橋大，東京外国語大，国際教養大，筑波大，名古屋大，大阪大，北海道大，東北大，神戸大，東京都立大 など	上智大，青山学院大，明治大，立教大，中央大，同志社大	準1級	⑤上級編
	62〜60	お茶の水女子大，横浜国立大，九州大，名古屋市立大，千葉大，京都府立大，信州大，広島大，静岡県立大 など	東京理科大，法政大，学習院大，武蔵大，中京大，立命館大，関西大，成蹊大	2級	④中級編
	59〜57	茨城大，埼玉大，岡山大，熊本大，新潟大，富山大，静岡大，高崎経済大，長野大，山形大，岐阜大，和歌山大 など	津田塾大，関西学院大，獨協大，國學院大，成城大，南山大，武蔵野大，駒澤大，専修大，東洋大，日本女子大 など	2級	
	56〜55	共通テスト，広島市立大，宇都宮大，山口大，徳島大，愛媛大 など	東海大，文教大，立正大，西南学院大，近畿大，東京女子大，日本大 など	準2級	③標準編
	54〜51	弘前大，秋田大，琉球大，長崎県立大，石川県立大，富山県立大 など	亜細亜大，大妻女子大，大正大，国士舘大，名城大，杏林大，京都産業大 など	準2級	
	50〜	北見工業大，釧路公立大，水産大 など	大東文化大，拓殖大，摂南大，共立女子短大 など		②初級編
	－	難関公立高校（高1・2生）	難関私立高校（高1・2生）	3級	①超基礎編
易		一般公立高校（中学基礎〜高校入門）	一般私立高校（中学基礎〜高校入門）		

本書の使い方

　本書には，各レベルに合った英語長文問題が全12題（Lesson 01～12）収録されています。各Lessonは，❶問題文→❷設問→❸解答・解説→❹構造確認／和訳（＋語句リスト）という極めてシンプルな見開き構成で進んでいきます。

▶制限時間を目安に，問題文を読んで次ページの問題にチャレンジしましょう。

▶各設問を解き，解答欄に答えを書き込みましょう。

▶答え合わせ・採点をしてください。解説をよく読み，理解を深めましょう。

▶英文の構造を学び，訳を確認しましょう。語句リストで単語も確認しましょう。

　学習を開始する前に，著者による「**ガイダンス動画**」を視聴して，**本書の効率的な活用法**や**復習の方法**をチェックしましょう。「ガイダンス動画」は，右のQRコードをスマートフォンなどで読み取ることで視聴できます。

▼ガイダンス動画

　❶から❹まで一通り終わったら，本書付属の**音声**や「**音読動画**」「**リスニング動画**」で復習しましょう。音読をするときは，ただ機械のように読み上げても意味がありません。**正しい発音を意識**して，**文の内容を理解**しながら音読すると効果が高まります。「音読動画」ではネイティブの口元も確認できるので，真似して発音してみましょう。ぜひ楽しみながら，繰り返し練習してくださいね。

● 本書で使用する記号 ●

S＝主語　　V＝動詞（原形）　　O＝目的語　　C＝補語
※従属節の場合はS′V′O′C′を使用。

SV＝文・節（主語＋動詞）　　Vp＝過去形　　Vpp＝過去分詞
Ving＝現在分詞 or 動名詞　　to V＝不定詞

～＝名詞　　... / …＝形容詞or副詞　　.....＝その他の要素（文や節など）

[　]＝言い換え可能　※英文中の[ ]の場合　　　　（　）＝省略可能　※英文中の( )の場合
A / B＝対になる要素（品詞は関係なし）　　　　①②③ など＝同じ要素の並列
O(A) O(B)＝第4文型（S V OA OB）の目的語

[　]＝名詞（のカタマリ）　　　　　　　▢＝修飾される名詞（のカタマリ）
< >＝形容詞（のカタマリ）・同格　　（　）＝副詞（のカタマリ）

音声・動画の使い方

音声について

　すべての問題文（英文）の読み上げ音声を聞くことができます。複数のナレーター（アメリカ人／イギリス人／インド人）による音声を収録しました。音声ファイルの名称は下記のようにつけられています。

01 LV3 Lesson01 USA.mp3
トラック名　レベル　　レッスン　　ナレーターの国籍

- USA ＝アメリカ人（全レッスン）
- UK ＝イギリス人（奇数レッスン）
- INDIA ＝インド人（偶数レッスン）

音声の再生方法

■1 ダウンロードして聞く（PC をお使いの場合）

　「東進 WEB 書店（https://www.toshin.com/books/）」の本書ページにアクセスし，パスワード「6RwbLV3Q」を入力してください。mp3 形式の音声データをダウンロードできます。

■2 ストリーミング再生で聞く（スマートフォンをお使いの場合）

　右の QR コードを読み取り，「書籍音声の再生はこちら」ボタンを押してパスワード「6RwbLV3Q」を入力してください。

※ストリーミング再生は，パケット通信料がかかります。

動画について

　本書には，「音読動画」「リスニング動画」の 2 種類の動画が収録されています。

音読動画：チャンクごとにリピーティングを行う動画です（出演：ニック・ノートン先生）。**「耳アイコン」**が表示されているときはネイティブの発音を聞き，**「話すアイコン」**が表示されているときはネイティブを真似して発音しましょう。

リスニング動画：本文のスクリプト付きの音声動画です。**オーバーラッピング**（スクリプトを見ながら音声と同時に発音する），**シャドーイング**（音声を追いかけるように発音する）などで活用してください。

動画の再生方法

　右の QR コードを読み取ると，それぞれの専用ページにアクセスできます。Lesson00（各動画の使い方説明）と Lesson01 〜 12 が一覧になっているので，学習したいレッスンの URL を選んで視聴してください。

▼音読動画　　▼リスニング動画

構造確認の記号

［名詞］の働きをするもの

▶名詞の働きをする部分は［　］で囲む。

1 動名詞

[Eating too much] is bad for your health.
［食べ過ぎること］は健康に悪い。

My sister is very good at [singing *karaoke*].
私の姉は［カラオケを歌うこと］がとても上手だ。

2 不定詞の名詞的用法

Her dream was [to become a novelist].
彼女の夢は［小説家になること］だった。

It is difficult [to understand this theory].
［この理論を理解すること］は難しい。

3 疑問詞＋不定詞

Would you tell me [how to get to the stadium]?
［どのようにして競技場へ行けばよいか］を教えていただけますか。

I didn't know [what to say].
私は［何と言ってよいのか］わからなかった。

4 that節「ＳがＶするということ」

I think [that he will pass the test].
私は［彼がテストに合格するだろう］と思う。

It is strange [that she hasn't arrived yet].
［彼女がまだ到着していないというの］は奇妙だ。

5 if節「ＳがＶするかどうか」

I asked her [if she would attend the party].
私は彼女に［パーティーに出席するかどうか］を尋ねた。

It is doubtful [if they will accept our offer].
［彼らが私たちの申し出を受け入れるかどうか］は疑わしい。

6 疑問詞節

Do you know [where he comes from]?
あなたは［彼がどこの出身であるか］知っていますか。

I don't remember [what time I left home].
私は［何時に家を出たか］覚えていません。

7 関係代名詞の what 節

I didn't understand [what he said].
私は［彼が言うこと］を理解できなかった。

[What you need most] is a good rest.
［君に最も必要なもの］は十分な休息だ。

＜形容詞＞の働きをするもの

▶形容詞の働きをする部分を＜　＞で囲み，修飾される名詞を □ で囲む。

1 前置詞＋名詞

What is the population <of this city>?
＜この市の＞人口はどのくらいですか。

Look at the picture <on the wall>.
＜壁に掛かっている＞絵を見なさい。

2 不定詞の形容詞的用法

Today I have a lot of work <to do>.
今日私は＜するべき＞たくさんの仕事がある。

Some people have no house <to live in>.
＜住むための＞家を持たない人々もいる。

3 現在分詞

The building <standing over there> is a church.
＜向こうに建っている＞建物は教会です。

A woman <carrying a large parcel> got out of the bus.
＜大きな包みを抱えた＞女性がバスから降りてきた。

4 過去分詞

This is a shirt <made in China>.
これは＜中国で作られた＞シャツです。

Cars <parked here> will be removed.
＜ここに駐車された＞車は撤去されます。

5 関係代名詞節

Do you know the man <who is standing by the gate>?
あなたは＜門のそばに立っている＞男性を知っていますか。

Is this the key <which you were looking for>?
これが＜あなたが探していた＞鍵ですか。

A woman <whose husband is dead> is called a widow.
＜夫が亡くなっている＞女性は未亡人と呼ばれる。

6 関係副詞節

Do you remember the day <when we met for the first time>?
＜私たちが初めて出会った＞日をあなたは覚えていますか。

Kyoto is the city <where I was born>.
京都は＜私が生まれた＞都市です。

＜同格＞の働きをするもの

▶同格説明の部分を＜　＞で囲み，説明される名詞を￣￣で囲む。

■ 同格の that 節

We were surprised at the news <that he entered the hospital>.
＜彼が入院したという＞ 知らせ に私たちは驚いた。

There is little chance <that he will win>.
＜彼が勝つという＞ 見込み はほとんどない。

■ カンマによる同格補足

Masao , <my eldest son>, is finishing high school this year.
＜私の長男である＞ マサオ は，今年高校を卒業する予定です。

I lived in Louisville , <the largest city in Kentucky>.
私は＜ケンタッキー州最大の都市である＞ ルイビル に住んでいた。

（副詞）の働きをするもの

▶副詞の働きをする部分を（　）で囲む。

■ 前置詞＋名詞

I met my teacher (at the bookstore).
私は（本屋で）先生に会った。

I listened to music (over the radio).
私は（ラジオで）音楽を聞いた。

■ 分詞構文 (Ving)

(Preparing for supper), she cut her finger.
（夕食の準備をしていて）彼女は指を切った。

(Having read the newspaper), I know about the accident.
（新聞を読んだので）その事故については知っている。

■ 受動分詞構文 (Vpp)

(Seen from a distance), the rock looks like a human face.
（遠くから見られたとき）その岩は人間の顔のように見える。

(Shocked at the news), she fainted.
（その知らせを聞いてショックを受けたので）彼女は卒倒した。

■ 従属接続詞＋ S V

(When I was a child), I went to Hawaii.
（子供の頃に）私はハワイへ行った。

I didn't go to the party (because I had a cold).
（かぜをひいていたので）私はパーティーに行かなかった。

■ 不定詞の副詞的用法

I was very surprised (to hear the news).
私は（その知らせを聞いて）とても驚いた。

(To drive a car), you have to get a driver's license.
（車を運転するためには）君は運転免許を取らねばならない。

特殊な記号

■ 主節の挿入 {　}

Mr. Tanaka, {I think}, is a good teacher.
田中先生は良い教師だと |私は思う|。

His explanation, {it seems}, doesn't make sense.
彼の説明は意味をなさない |ように思える|。

■ 関係代名詞主格の直後の挿入 {　}

He has a son who {people say} is a genius.
彼は天才だと |人々が言う| 息子を持っている。

Do what {you think} is right.
正しいと |あなたが思う| ことをしなさい。

■ 関係代名詞の as 節（　）

＊これは副詞的感覚で使用されるため，本書ではあえて（　）の記号を使用しています。

(As is usual with him), Mike played sick.
（彼には普通のことだが）マイクは仮病を使った。

He is from Kyushu, (as you know from his accent).
（あなたが彼のなまりからわかるとおり），彼は九州出身です。

もくじ ⊕学習記録

＊問題を解いたあとは得点と日付を記入し，付属の音声を聴いたり，「音読動画」「リスニング動画」を視聴したりして繰り返し復習しましょう。

＊本書に収録している英文は，入試に使用された英文を使用しているため，出題者のリライトなどにより，原典と異なる場合があります。

LV3
STAGE-1

Lesson 01
問題文
LEVEL 3

単 語 数 ▶ 245 words
制限時間 ▶ 20 分
目標得点 ▶ 40 ／50点

DATE

■次の英文を読み，あとの設問に答えなさい。

　Some scientists say that color can influence our actions and feelings. One experiment was made by a teacher.　The walls of a school room were orange, white, and brown.　He changed the colors (1) yellow and blue.　Students took a test before and after the wall color was changed.　Some students had higher test scores after the walls were painted yellow and blue.　Few students were late for school after the color was changed.　Also, teachers reported that (A)(students / much trouble / not / make / as / did / as before).

　An American doctor gave a test about the influence of color to people.　He found that the color pink made people (2).　He tested this (3) an American prison.　He found that pink rooms made prisoners more peaceful.

　Scientists don't know exactly the reason, but some believe that cells at the back of the eye send information to the brain when they see some colors.　Experiments show, (4) example, that when people look at warm colors — red, orange, or yellow — their brains become more active and their blood pressure gets a little higher.　Their breathing also becomes faster.　The color blue has the opposite influence.

　Few scientists agree that color really influences people (5) an important way.　But some doctors use colors as a way to influence people.　A doctor's office is painted (6) for the patients to feel good.

And the color orange is often seen in restaurants. When people see that color, they feel (　7　).

(1) （ 1 ），（ 3 ），（ 4 ），（ 5 ）に当てはまる最も適切なものを，
次の選択肢から1つずつ選びなさい。

1 in **2** to **3** for **4** at

(2) （ 2 ），（ 6 ），（ 7 ）に当てはまる最も適切なものを，それぞれ
の選択肢の中から1つ選びなさい。

（ 2 ） **1** angry **2** sad **3** happy **4** hungry
（ 6 ） **1** red **2** yellow **3** blue **4** white
（ 7 ） **1** angry **2** happy **3** good **4** hungry

(3) 下線部(A)を正しく並べ替え，5番目にくるものを書きなさい。

(4) 本文の内容と一致するものを，次の選択肢の中から1つ選びなさい。

1 Some scientists think that colors influence people when they like
them.

2 Some experiments show that color can influence not only our
actions but also our feelings.

3 When we see only warm colors, our brain will receive some
information from the cells at the back of the eye.

4 We don't know that red makes our blood pressure higher.

（5）　本文のタイトルとして最も適切なものを，次の選択肢の中から1つ選び
　　　なさい。

　　1　色はどんな意味があるのか

　　2　色はどのように使った方が良いのか

　　3　色はどのように人間に影響を与えるのか

　　4　色は苦痛を減らす

解 答 用 紙			
（1）	（ 1 ）　　　　（ 3 ）　　　　（ 4 ）　　　　（ 5 ）		
（2）	（ 2 ）　　　　　　（ 6 ）　　　　　　（ 7 ）		
（3）			
（4）		（5）	

解答・解説

(1)

(1)　change A to[into] B (A を B に変える)。

(3)　at + 場所 (場所で)。

(4)　for example (例えば)。

(5)　in a[an] ... way (…な点で)。

(2)

(2)

1 怒った　　　　　　　　　**2** 悲しい

③ 楽しい　　　　　　　　　**4** 空腹の

▶「ピンク色が人々を (2) させることを彼は発見した」が文意です。あとに続く文を見てみると，2文後に「more peaceful」とあるので，それにつながるようなプラスイメージの感情が入ります。

(6)

1 赤く　　　　　　　　　　**2** 黄色く

③ 青く　　　　　　　　　　**4** 白く

▶「ある医院は，患者が気分良くなれるよう，(6) 塗られている」が文意です。**気分が良くなる色 [落ち着く色]** を選べば正解です。**第3段落**最終文に，青色が暖色の逆の影響 [脳を落ち着かせ，血圧を下げ，呼吸を整える] を与えるとあるため，**3** が正解です。

(7)

1 怒った　　　　　　　　　**2** 楽しい

3 良い　　　　　　　　　　**④** 空腹の

▶「その色を見ると，人間は (7) を感じる」が文意です。前文を見ると，その色とはオレンジ色で，レストランで良く見られる色だとわかるので，レストランが客に与えたい影響を考えれば正解がわかります。

(3)　並べ替えると，「students did not make as much trouble as before」となります。語句群を見ると，文法的に「did not make」「as ... as before」がくっつき，さらに make trouble (問題を起こす) などの表現に気がつきます。あとは文型に気をつけながら並べ替えましょう。

Lesson
01

(4)　1　人々は色が気に入ると，その色が人々に影響を与えると考えている
科学者もいる。

→**第 1 段落**第 1 文には，「色が我々の行動や感情に影響を与えうる」
ことは述べられていますが，「色が気に入ると」ということは述べら
れていません。

②　いくつかの実験によって，色は我々の行動だけでなく，感情にも影
響を与える可能性があることがわかっている。

→**第 1 段落・第 2 段落**の内容に一致します。

3　暖色だけを見たとき，我々の脳は目の裏側の細胞からある情報を受
け取る。

→**第 3 段落**第 1 文に「**ある色が見えたとき**目の裏側の細胞が脳に情
報を送ると信じている科学者もいる」とあるので，暖色だけとは限ら
ないことが判断できます。

4　赤色が我々の血圧をより高くすることを我々は知らない。

→**第 3 段落**第 2 文「実験が示すところでは，赤，オレンジ，黄色のよ
うな暖色を見ると，人間の脳はより活動的になり，血圧が少し高く
なる」という記述に矛盾します。

(5)　　第 1 段落第 1 文で「科学者の中には，**色が我々の行動や感情に影響を
与えうる**と言う人もいる」と述べ，そのあと**色が我々に与える影響**につ
いての文章で本文が成り立っていることから，タイトルは **3** が最もふさ
わしいと判断できます。

正　解				
(1) (各4点)	(1)　2	(3)　4	(4)　3	(5)　1
(2) (各5点)	(2)　3	(6)　3		(7)　4
(3) (7点)	as			
(4) (6点)	2	**(5)** (6点)	3	

得点	（1回目）／50点	（2回目）	（3回目）	CHECK YOUR LEVEL	0～30点 ➡ *Work harder!* 31～40点 ➡ *OK!* 41～50点 ➡ *Way to go!*

Lesson 01
構造確認

[ ]＝名詞　□＝修飾される名詞　< >＝形容詞・同格　( )＝副詞

S＝主語　V＝動詞　O＝目的語　C＝補語　'＝従節

❶ Some scientists say [that color can influence our actions and feelings]. One experiment was made (by a teacher). The walls <of a school room> were orange, white, and brown. He changed the colors (to yellow and blue). Students took a test (before and after the wall color was changed). Some students had higher test scores (after the walls were painted yellow and blue). Few students were late for school (after the color was changed). (Also), teachers reported [that students did not make as much trouble as before].

❷ An American doctor gave a test <about the influence <of color> (to people)>. He found [that the color <pink> made people happy]. He tested this (at an American prison). He found [that pink rooms made prisoners more peaceful].

.... 構文解説 ....

■ report that ～「～ということを報告する」の that 節中で,「not + as ～ as before」「以前ほど～ではない」の形が使われている。

■ the color pink は「ピンク（という）色」の意味。make people happy は VOC の形で「人々を楽しくさせる」の意味。

この行数は問題文の方の行数に合わせています（段落頭を基準としていますが、一部ずれる場合もあります）。

【和訳】

❶ 科学者の中には，色が我々の行動や感情に影響を与えうると言う人もいる。ある実験が，1人の教師によって行われた。教室の壁は，オレンジと白と茶色だった。彼はその色を黄色と青に変えた。壁の色が変えられる前後に，生徒たちはテストを受けた。何人かの生徒は壁が黄色と青に塗られたあと，テストの得点が上がった。色が変えられてからは，学校に遅刻する生徒がほとんどいなくなった。また，教師たちは生徒が以前ほど問題を起こさなくなったと報告した。

❷ あるアメリカの医者が，色が与える影響について人々に調査を行った。ピンク色が人々を楽しくさせることを彼は発見した。彼はこれを，アメリカのある刑務所で調査した。ピンク色の部屋では受刑者たちがより穏やかになることがわかった。

重要語句リスト

❶

scientist	⦿ 科学者
influence	⦿ ～に影響を与える
action	⦿ 行動
feeling	⦿ 感情
make an experiment	⦿ 実験を行う
wall	⦿ 壁
change A to[into] B	⦿ A を B に変える
take a test	⦿ テストを受ける
score	⦿ 得点
paint O C	⦿ O を C （の色）に塗る
few ～ V	⦿ V する～は ほとんど（い）ない
be late for ～	⦿ ～に遅れる
report that S V	⦿ S が V すると報告する
trouble	⦿ 問題，やっかいなこと
before	⦿ 以前に

❷

test	⦿ 調査，試験
influence	⦿ 影響
give a test to ～	⦿ ～に調査を行う
find that S V	⦿ S が V することがわかる
make O C	⦿ O を C にする
test	⦿ ～を検査する
prison	⦿ 刑務所
prisoner	⦿ 受刑者，囚人

❸ Scientists don't know (exactly) the reason, but some believe [that cells <at
 S   V   O   S   V   O   S'
the back of the eye> send information (to the brain) (when they see some
                      V'   O'   S'   V'   O'
colors)]. Experiments show, (for example), [that (when people look at warm
             S   V   S'   V'   O'
colors — <red, orange, or yellow> —) their brains become more active and
                                          S'   V'   C'
their blood pressure gets (a little) higher]. Their breathing (also) becomes
S'   V'   C'   S   V
faster. The color <blue> has the opposite influence.
C   S   V   O
❹ Few scientists agree [that color (really) influences people (in an important
 S   V   O   S'   V'   O'
way)]. But some doctors use colors (as a way <to influence people>). A
          S   V   O   a way   S
doctor's office is painted blue (for the patients) (to feel good). And the color
                V   C   S
orange is (often) seen (in restaurants). (When people see that color), they feel
       V   S'   V' O'   S   V
hungry.
C

---

❸ the reason「その理由」とは，前の段落に書かれているような現象が起こる理由のこと。some
= some scientists。that 節中は S send information to the brain「S は脳へ情報を送る」の
構造。they は some (scientists) を指す。

❹ few は「ほとんど（い）ない」という否定的な意味を表す。agree that ～は「～ということ
に同意する」,in an important way は「重要な点で」の意味。

15

20

❸ 科学者たちはその理由を正確に知っているわけではないが，ある色が見えたとき目の裏側の細胞が脳に情報を送ると信じている科学者もいる。例えば，実験が示すところでは，赤，オレンジ，黄色のような暖色を見ると，人間の脳はより活動的になり，血圧が少し高くなる。呼吸もまた，速くなる。青色は，その反対の影響を与える。

❹ 実際に色が重要な点で人間に影響を与えるということに賛成する科学者はほとんどいない。しかし医者の中には，人間に影響を与える方法として色を利用する人もいる。ある医院は，患者が気分良くなれるよう，青く塗られている。またオレンジ色は，レストランでよく見られる。その色を見ると，人間は空腹を感じるのである。

☐ peaceful	形	穏やかな

❸

☐ exactly	副	正確に
☐ reason	名	理由
☐ believe that S V	熟	S が V すると信じる
☐ cell	名	細胞
☐ at the back of ～	熟	～の後ろ［裏］で
☐ eye	名	目
☐ information	名	情報
☐ send A to B	熟	A を B へ送る
☐ brain	名	脳
☐ for example	熟	例えば
☐ show that S V	熟	S が V すると示す
☐ warm	形	暖かい
☐ active	形	活動的な
☐ blood pressure	名	血圧
☐ a little	熟	少し
☐ breathing	名	呼吸
☐ fast	形	速い
☐ opposite	形	反対の，逆の

❹

☐ agree that S V	熟	S が V することに同意する
☐ really	副	実際に，本当に
☐ important	形	重要な，大切な
☐ way	名	点，方法
☐ use A as B	熟	A を B として使う
☐ doctor's office	名	医院
☐ for ～ to V	熟	～が V するために
☐ restaurant	名	レストラン
☐ feel C	動	C に感じる
☐ hungry	形	空腹である

END 19

LEVEL-3

Lesson 02
問題文

02

単 語 数 ▶ 304 words
制限時間 ▶ 20 分
目標得点 ▶ 40 ／50点

DATE

■次の英文を読み，あとの設問に答えなさい。

After a long flight, you may feel sick, or sometimes you may have problems when you eat or sleep. These troubles come from jet lag. Jet lag happens when you cross several time zones from east to west or west to east. You don't have jet lag after flying from north to south or south to north.

There are twenty-four time zones in the world. When you travel west, you put your watch back an hour for every time zone you cross. When you travel east, you add an hour. If you travel to another country, you usually have to adjust your watch to the new time. At the same time, you have to adjust the " clock " inside your body. The " clock " decides when to eat or when to sleep. It is quite easy to adjust your watch, but it takes some time to adjust the (　1　).

Some kinds of jet lag are strong and others are not. Why is it so? The scientists who study jet lag say that there are some factors of jet lag. One factor is the number of time zones you cross. (　2　). There is another factor. You can adjust yourself more easily in a flight from east to west than a flight from west to east. If you cross the date line from east to west, you go forward one day. If you cross it from west to east, you go back a day.

Many people have jet lag, but few of them know what to do about it. If you don't want jet lag, you should drink a lot of water and move

around every hour in the plane. You can find books that give you some
advice about jet lag. Be careful of jet lag and enjoy your trip.

（1） 本文の内容から判断して，次の（　A　）～（　C　）に当てはまる最も
適切なものを，それぞれの選択肢の中から1つ選びなさい。

1　You are in Japan now. It is eleven o'clock in the morning. If you
travel four time zones west, you have to adjust your watch to
（　A　）.

2　You are in Japan now. It is eleven o'clock in the morning. If you
cross（　B　）time zones east, you have to adjust your watch to
two o'clock in the afternoon.

3　You are in Japan now. Today is February 21. If you travel east and
cross the date line, the day becomes（　C　）.

1 three in the morning		**2** three in the afternoon	
3 seven in the morning		**4** seven in the afternoon	
5 February 20		**6** February 22	
7 three		**8** nine	
9 thirteen			

（2） （　1　）に当てはまる最も適切なものを，次の選択肢の中から1つ選び
なさい。

1 flight plan　　　　　　**2** new time
3 time zone　　　　　　**4** inside clock

（3） （　2　）に当てはまる英文として最も適切なものを，次の選択肢の中か
ら1つ選びなさい。

1 Each time zone has a different name and a different number
2 You must cross many time zones to enjoy your trip
3 Crossing more time zones gives you more jet lag
4 You can cross many time zones without having jet lag

（4）　本文の内容と一致するものを，次の選択肢の中から１つ選びなさい。

Lesson
02

1 Jet lag always happens when you travel to another country.

2 You usually have more jet lag on a flight from west to east than a flight from east to west.

3 There are a lot of people who know what to do when they have jet lag.

4 It is better for you to read books and forget about jet lag if you want to enjoy a long flight.

解　答　用　紙					
（1）	（ A ）		（ B ）		（ C ）
（2）		（3）		（4）	

解答・解説

（1）　**1** 午前3時　　**2** 午後3時　　**③** 午前7時　　**4** 午後7時
　　　　⑤ 2月20日　**6** 2月22日　**⑦** 3　　　　　**8** 9
　　　　9 13

　　1　あなたは今日本にいる。午前11時だ。4つの時間帯を西へ越えたら，
　　　あなたは（　A　）に自分の時計を調整して合わせなければならない。

　　　→**第2段落第2文**に「**西へ進むときは，通過する時間帯ごとに1時間ず
　　　つ腕時計を戻す**」とあるので，午前11時から4時間戻すと**午前7時**と
　　　なります。

　　2　あなたは今日本にいる。午前11時だ。（　B　）つの時間帯を東へ越
　　　えたら，あなたは午後2時に自分の時計を調整して合わせなければなら
　　　ない。

　　　→**第2段落第3文**に「**東へ進むときは，（通過する時間帯ごとに）1時間
　　　ずつ加える**」とあるので，**3**つの時間帯を越えることがわかります。

　　3　あなたは今日本にいる。今日は2月21日だ。東へ移動し，日付変更
　　　線を越えたら，その日付は（　C　）である。

　　　→**第3段落最終文**に「**西から東へ（日付変更線を）越えると，1日戻る**」
　　　とあるので，**2月20日**であることがわかります。

（2）　**1** 飛行計画　　　　　　**2** 新しい時
　　　　3 時間帯　　　　　　　**④** 体内時計

　　　▶**第2段落第4～5文**で，**腕時計の調整と同時に，体の中の「時計」も
　　　調節する必要がある**と述べていることから，「腕時計を調節するのはごく
　　　簡単だが，（　1　）を調節するにはいくらか時間がかかる」の空所には，
　　　体の中の「時計」に相当する語句が入るとわかります。

（3）　**1** それぞれの時間帯には異なる名前と異なる番号がついている
　　　　2 旅行を楽しむために，たくさんの時間帯を越えなければならない
　　　　③ 越える時間帯が多ければ多いほど，時差ぼけはよりひどくなる
　　　　4 時差ぼけなしに，多くの時間帯を越えることができる

　　　▶**第3段落は時差ぼけの要因**について述べているのがヒント。空所の前
　　　文に「1つの要因は，越えた時間帯の数である」とあるので，空所には**越**

えた**時間帯の数が変わると，結果として時差ぼけはどうなるのか**が入る
と考えられます。

（4）　**1**　他国へ旅行するとき，時差ぼけは必ず起こる。

→**第1段落**最終文「北から南，あるいは南から北へ飛行機で行った
あとに時差ぼけが起こることはない」という記述に矛盾します。

②　普通は東から西へ飛ぶよりも，西から東へ飛んだ方が，時差ぼけは
よりひどくなる。

→**第3段落**第7文「東から西へ飛行機で行く場合の方が，西から東
へ行く場合よりも体を調節しやすい」から「西から東へ飛んだ方が，
時差ぼけはよりひどくなる」と言えます。

3　時差ぼけになったとき，何をしたら良いか知っている人がたくさんい
る。

→**第4段落**第1文の but 以降，「それを防ぐためにどうしたら良いの
かを知っている人はほとんどいない」という記述に矛盾します。

4　長時間の飛行を楽しみたいなら，あなたは本を読み，時差ぼけのこ
とを忘れた方が良い。

→**第4段落**第2文には「たくさん水を飲み，飛行機の中で1時間ご
とに動き回るのが良い」という記述はありますが，本文にこのような
記述はありません。

正　解		
（1）（各8点）（ A ）**3**	（ B ）**7**	（ C ）**5**
（2）（8点）**4**	**（3）**（8点）**3**	**（4）**（10点）**2**

得点	（1回目）／50点	（2回目）	（3回目）	CHECK YOUR LEVEL	0～30点 ➡ *Work harder!*　31～40点 ➡ *OK!*　41～50点 ➡ *Way to go!*

[ ]＝名詞　□＝修飾される名詞　< >＝形容詞・同格　( )＝副詞
S＝主語　V＝動詞　O＝目的語　C＝補語　'＝従節

❶ (After a long flight), you may feel sick, or (sometimes) you may have problems (when you eat or sleep). These troubles come (from jet lag). Jet lag happens (when you cross several time zones (from east to west or west to east)). You don't have jet lag (after [flying (from north to south) or (south to north)]).

❷ There are twenty-four time zones (in the world). (When you travel (west)), you put your watch (back) (an hour) (for every time zone <you cross>). (When you travel (east)), you add an hour. (If you travel (to another country)), you (usually) have to adjust your watch (to the new time). (At the same time), you have to adjust the "clock" <inside your body>. The "clock" decides [when to eat] or [when to sleep]. It is (quite) easy [to adjust your watch], but it takes some time [to adjust the inside clock].

構文解説

❶ or は you may feel sick と sometimes ～ sleep を結び付けている。

❷最初の It は後ろの不定詞（to adjust your watch）を指す形式主語。but の後ろは it takes O to do「～するのに O［時間］を必要とする」の形。

【和訳】

❶ 長時間飛行機に乗ったあと，気分が悪くなったり，時には食事や睡眠に支障をきたしたりすることがある。こうした悩みは，時差ぼけによるものである。時差ぼけは，東から西へ，または西から東へ，いくつかの時間帯を越えるとき起こる。北から南，あるいは南から北へ飛行機で行ったあとに時差ぼけが起こることはない。

❷ 世界には 24 の時間帯がある。西へ進むときは，通過する時間帯ごとに 1 時間ずつ腕時計を戻す。東へ進むときは，1 時間ずつ加える。外国へ旅行するときは，普通腕時計を新しい時間に調節しなければならない。同時に，体の中の「時計」も調節する必要がある。その「時計」は，いつ食べたり眠ったりすべきかを決定している。腕時計を調節するのはごく簡単だが，内側の時計［体内時計］を調節するにはいくらか時間がかかる。

重要語句リスト

❶

☐ flight	㊂	飛行
☐ feel sick	㊺	気分が悪くなる
☐ problem	㊂	問題
☐ trouble	㊂	悩み，やっかいなこと
☐ come from ～	㊺	～に起因する
☐ jet lag	㊂	時差ぼけ
☐ happen	㊱	起こる
☐ cross	㊱	～を横切る，～を渡る
☐ several	㊢	いくつかの
☐ time zone	㊂	時間帯
☐ east	㊂	東
☐ west	㊂	西
☐ north	㊂	北
☐ south	㊂	南

❷

☐ travel	㊱	進む，旅行する
☐ watch	㊂	（腕）時計
☐ put ～ back	㊺	～を戻す，元の位置に置く
☐ add	㊱	～を加える
☐ another	㊢	別の，もう 1 つ［1 人］の
☐ usually	㊣	普通，普段
☐ have to V	㊺	V しなければならない
☐ adjust A (to B)	㊺	A を（B に合わせて）調節する
☐ at the same time	㊺	同時に
☐ clock	㊂	（置き）時計
☐ inside	㊵	～の内部の［に］
☐ body	㊂	体
☐ decide	㊱	～を決定する
☐ when to V	㊺	いつ V すべきか
☐ it is ... to V	㊺	V するのは…だ →形式主語構文
☐ quite	㊣	非常に
☐ it takes ～ to V	㊺	V するのに～（の時間）がかかる
☐ inside	㊢	内側の

❸ Some kinds of jet lag are strong and others are not. Why is it so? The
　　S　　　　　　　　V　 C　　　　 S　　　V　　　　　　　V S C　　 S
scientists <who study jet lag> say [that there are some factors <of jet lag>].
　　　　　　　　　V　　　O′　　V　　　　　 V″　　 S″
One factor is the number <of time zones <you cross>>. [Crossing more　　15
　S　　　　　V　　　　　　　　　　　　　　　　　　　S′　 V′　　　S
time zones] gives you more jet lag. There is another factor. You can adjust
　　　　　　V　　O(A)　O(B)　　　　　　　　V　　S　　　　　　S　　V
yourself (more easily) (in a flight <from east to west> than a flight <from
O
west to east>). (If you cross the date line (from east to west)), you go forward
　　　　　　　　　　 S′　V′　　O′　　　　　　　　　　　　　　　S　V
(one day). (If you cross it (from west to east)), you go back (a day).
　　　　　　　　S′　V′　O′　　　　　　　　　　　S　 V

❹ Many people have jet lag, but few <of them> know [what to do (about it)].　　20
　　S　　　　　V　　O　　　　 S　　　　　　　V　　　O
(If you don't want jet lag), you should drink a lot of water and move around
　　S′　V′　　　O′　　　S　　V①　　　　 O①　　　　　　V②
(every hour) (in the plane). You can find books <that give you some advice
　　　　　　　　　　　　　　S　　V　　 O　　　　V′　O′(A)　O′(B)
<about jet lag>>. Be careful (of jet lag) and enjoy your trip.
　　　　　　　　　V　 C　　　　　　　　　V　　O

❸文全体は S say that ～ .「S は～と言う」の構造。who は主格の関係代名詞で，who ～ lag
　が先行詞の The scientists を修飾している。

❹ You can find books (SVO) の後ろに，books を修飾する関係詞節が続いている。

28

❸ 時差ぼけには，強力なタイプのものとそうで
ないものとがある。それはなぜだろうか。時差ぼ
けを研究する科学者たちによれば，時差ぼけには
いくつかの要因がある。１つの要因は，越えた時
間帯の数である。越える時間帯が多ければ多いほ
ど，時差ぼけはよりひどくなる。別の要因もあ
る。東から西へ飛行機で行く場合の方が，西から
東へ行く場合よりも体を調節しやすい。東から西
へ日付変更線を越えると，１日進む。西から東へ
越えると，１日戻る。

❹ 多くの人が時差ぼけにかかるが，それを防ぐ
ためにどうしたら良いのかを知っている人はほと
んどいない。時差ぼけにかかりたくなければ，た
くさん水を飲み，飛行機の中で１時間ごとに動き
回るのが良い。時差ぼけに関する忠告をしてくれ
る本も見つかるだろう。時差ぼけに気をつけて，
楽しい旅行を。

❸

☐ strong	形	強い
☐ some A, (and) others B	熟	Aなものもあれば Bなものもある
☐ scientist	名	科学者
☐ study	動	～を研究する
☐ factor	名	要因
☐ number	名	数
☐ easily	副	容易に，たやすく
☐ the date line	名	日付変更線
☐ go forward	熟	進む，前進する
☐ go back	熟	戻る，後退する

❹

☐ few of ～ V	熟	Vする～はほとんど(い)ない
☐ what to V	熟	何をVすべきか
☐ drink	動	～を飲む
☐ move around	熟	動き回る
☐ plane	名	飛行機
☐ advice	名	忠告，アドバイス
☐ be careful of ～	熟	～に注意する
☐ enjoy	動	～を楽しむ

Lesson 03
問題文

LEVEL-3

03

単 語 数 ▶ 325 words
制限時間 ▶ 20 分
目標得点 ▶ 40 ／50点

DATE

■次の英文を読み，あとの設問に答えなさい。

Long ago in China, there lived a great Emperor. His palace was as big as a city and around the palace there was a garden that stretched farther than the eye could see. It was full （ 1 ） the loveliest plants and trees.

Among the trees of the Emperor's garden, (A)there lived a little brown bird which was not beautiful at all. It was a nightingale. When the nightingale opened her mouth and sang, beautiful music came out.

One day the Emperor was told of the nightingale's song. "Bring her to me at once!" he cried.

When she heard that the Emperor wished to hear her song, the nightingale gladly went to the palace.

"Put the bird in a golden cage," said the Emperor. "I must hear this heavenly music every day."

But the poor nightingale hated to stay in a small cage all day and sang no more.

The Emperor was （ 2 ）. He ordered his wisest men to make a mechanical nightingale that would sing when it was wound up. The mechanical bird was covered （ 3 ） gold. Wonderful jewels sparkled on its back and wings. When its golden key was turned, a beautiful song came from its beak.* The real nightingale was allowed to fly out into the garden.

But the mechanical bird became worn and no longer sang so well. Then the Emperor fell ill. He lay in bed, and grew weaker and weaker. He felt that death was near.

Lesson 03

25　　Alone in his room, the Emperor wanted one last time to hear the nightingale. But he was too weak to turn the key. Then, from the window, the lovely song came into the room. The real nightingale sat on a branch outside, and sang her heart out.

　　In the morning, the Emperor was better than before. But he was a 30　changed man. He ruled for many more years and the people （　**4**　）.

* beak （くちばし）

（1） （ 1 ），（ 3 ）に当てはまる最も適切な語の組み合わせを，次の選択肢の中から１つ選びなさい。

1 of と by　　**2** of と with　　**3** with と by

4 to と by　　**5** in と with

（2） 下線部(A)の和訳として最も適切なものを，次の選択肢の中から１つ選びなさい。

1 そこには少しも美しくない，茶色い鳥が住んでいた。

2 美しいという言葉とは全くかけ離れた，わずかに茶色い鳥が住んでいた。

3 美しいという言葉とは全くかけ離れた，小さな茶色い鳥が住んでいた。

4 そこには美しくない，小さな茶色い鳥が住んでいた。

5 それほど美しくない，小さな茶色い鳥が住んでいた。

（3） （ 2 ）に当てはまる最も適切なものを，次の選択肢の中から１つ選びなさい。

1 angry　　**2** happy　　**3** sick

4 glad　　**5** funny

（4） （ 4 ）に補うこの物語の結末として最も適切なものを，次の選択肢の中から１つ選びなさい。

1 were still afraid of him because he was very wild.

2 were not happy any more because he changed into a colder emperor than before.

3 were happy to hear that the Emperor didn't die though the real nightingale did not sing.

4 were happier than before because the Emperor changed into a kinder man.

5 were sad to hear that the Emperor did not die.

(5) 次の英問の答えとして最も適切なものを，次の選択肢の中から１つ選び
なさい。

What did the Emperor want when his death was near?

1 He wanted to die soon.

2 He wanted to see the nightingale.

3 He wanted to live longer to hear the nightingale's song.

4 He wanted to get well again.

5 He wanted to hear the nightingale's song again.

(6) 次の英問の答えとして最も適切なものを，次の選択肢の中から１つ選び
なさい。

How did the Emperor work the mechanical bird?

1 He wound it up and switched the button.

2 He ordered his wisest men to make the bird sing.

3 He wound it up and it sang by itself.

4 He wound it up and returned the key.

5 He returned the key and it sang soon.

(7) 本文の内容と一致するものを，次の選択肢の中から１つ選びなさい。

1 The Emperor gave the bird anything she liked.

2 The nightingale was happy to enter the golden cage.

3 The real nightingale could not fly out into the garden again.

4 When the mechanical bird could not sing well, the Emperor got sick.

5 The real nightingale did not feel like singing, because she knew
that the Emperor's heart was cold.

解 答 用 紙					
(1)		(2)		(3)	
(4)		(5)		(6)	
(7)					

解答・解説

(1)

 (1) be full of ～（～でいっぱいである）。

 (3) be covered with ～（～で覆われている）。

(2) 下線部(A)は「全く美しくない1羽の小さな茶色い鳥が住んでいた」が直訳です。not ..... at all（全く ..... ない），a little brown bird（1羽の小さな茶色い鳥）という表現から，**3** が最も適当な和訳となります。**4** は「全く」などの完全否定のニュアンスが入っていないため誤りです。

(3) ① 怒った **2** 幸せな **3** 病気の

    4 嬉しい **5** こっけいな

  ▶前文に「ナイチンゲールは～もう鳴かなくなった」とあるので，ここにはマイナスイメージの単語が入るとわかります。また直後の文で機械仕掛けのナイチンゲールを作るよう命令していることから，皇帝の**いらだち**を感じることができます。

(4) **1** 彼はとても乱暴な人間だったので，まだ彼を恐れていた。

  2 彼は以前より心の冷たい皇帝に変わってしまったので，もはや幸せではなかった。

  3 本物のナイチンゲールは鳴かなかったけれども，皇帝が亡くならなかったと聞いて嬉しかった。

  ④ 皇帝がより優しい人に変わったので，以前よりも幸せになった。

  5 皇帝が亡くならなかったと聞いて悲しかった。

  ▶前の文「But he was a changed man.」がヒントです。以前はナイチンゲールをかごに閉じこめたり，部下に機械仕掛けのナイチンゲールを作らせたりと，わがままな性格だったので，ここで「**良い性格**」に変わったとわかります。したがって，**プラスイメージの結末**になると考えられるので **4** が正解です。

(5) 死が近づいたとき，皇帝がしたかったことは何か。

  1 彼はすぐに死にたかった。

  2 彼はナイチンゲールを見たかった。

  3 彼は彼女［ナイチンゲール］の鳴き声を聞くために，より長生きした

かった。

4 彼はもう一度回復したかった。

⑤ 彼はもう一度彼女[ナイチンゲール]の鳴き声を聞きたかった。(第9
段落第1文)

(6) **皇帝は機械仕掛けの鳥をどのようにして動かしていたのか。**

1 彼はねじを巻いて,ボタンを押した。

2 彼は賢人に命令して鳥を歌わせた。

③ 彼がねじを巻くと,それは独りでに鳴いた。(第7段落第2文,第5文)

4 彼はねじを巻いて,鍵を戻した。

5 彼が鍵を戻すとすぐに鳥は鳴いた。

(7) **1** 皇帝は鳥に鳥が望むものは何でも与えた。

→本文にこのような記述はありません。

2 ナイチンゲールは金のかごに入って幸せだった。

→**第6段落**「1日中小さなかごの中にいるのを**嫌がり**」という記述に
矛盾します。

3 本物のナイチンゲールは再び庭へ出て飛ぶことはできなかった。

→**第7段落**最終文「本物のナイチンゲールは,かごを出て庭へ飛んで
行くことを許された」という記述に矛盾します。

④ 機械仕掛けの鳥がうまく鳴けなくなったとき,皇帝は病気になった。

→**第8段落**第1~2文に一致します。

5 皇帝の心が冷たいことを知っていたので,本物のナイチンゲールは鳴
く気がしなかった。

→**第6段落**「1日中小さなかごの中にいるのを嫌がり,もう鳴かなく
なった」とあり,鳴かなくなった理由が違っています。

正　解					
(1) (7点)	2	**(2)** (7点)	3	**(3)** (7点)	1
(4) (7点)	4	**(5)** (7点)	5	**(6)** (7点)	3
(7) (8点)	4				

得点	(1回目) ／50点	(2回目)	(3回目)	CHECK YOUR LEVEL	0~30点 ➡ *Work harder!* 31~40点 ➡ *OK!* 41~50点 ➡ *Way to go!*

❶ (Long ago) (in China), there lived a great Emperor. His palace was as big
as a city and (around the palace) there was a garden <that stretched (farther
than the eye could see)>. It was full (of the loveliest plants and trees).

❷ (Among the trees <of the Emperor's garden>), there lived a little brown
bird <which was not beautiful (at all)>. It was a nightingale. (When the
nightingale opened her mouth and sang), beautiful music came out.

❸ (One day) the Emperor was told (of the nightingale's song). "Bring her (to
me) (at once)!" he cried.

❹ (When she heard [that the Emperor wished [to hear her song]]), the
nightingale (gladly) went (to the palace).

❺ "Put the bird (in a golden cage)," said the Emperor. "I must hear this
heavenly music (every day)."

❻ But the poor nightingale hated [to stay (in a small cage) (all day)] and sang
(no more).

―――――――― 構文解説 ――――――――

1 and が2つの文を結び付けている。as big as ～は「～と同じくらい大きい」の意味。that
は a garden を先行詞とする主格の関係代名詞。farther は far の比較級で，farther 以下は
「目が見ることのできたよりも遠く」すなわち「見渡す限り遠く（まで）」の意味。

2 本来の語順は S lived among ～．「～の中に S が住んでいた」。これを There lived S among
～．と文語的な表現に言い換え，among 以下を文頭に移した構造。which は a little brown
bird を先行詞とする主格の関係代名詞。

3 hear that ～は「～と（伝え）聞く」の意味。When ～ song は修飾語（副詞節）で，文全
体の S は the nightingale，V は went。

【和訳】

❶ 昔，中国に，偉大な皇帝が住んでいた。彼の宮殿は都市と同じくらいの大きさがあり，宮殿のまわりには見渡す限りの庭が広がっていた。その庭は，最高に美しい草木でいっぱいだった。

❷ 皇帝の庭の木々の中に，全く美しくない［美しいという言葉とは全くかけ離れた］1羽の小さな茶色い鳥が住んでいた。それはナイチンゲールだった。そのナイチンゲールが口を開いてさえずると，美しい歌声が出てくるのだった。

❸ ある日皇帝は，そのナイチンゲールの鳴き声のことを伝えられた。「その鳥をすぐに私のところへ持って来い」と彼は叫んだ。

❹ 皇帝が自分の鳴き声を聞きたがっていると聞いて，ナイチンゲールは喜んで宮殿へ行った。

❺ 「その鳥を金のかごに入れよ。余はこの至福の歌声を毎日聞かずにはおれぬ」と皇帝は言った。

❻ しかしそのかわいそうなナイチンゲールは，1日中小さなかごの中にいるのを嫌がり，もう鳴かなくなった。

重要語句リスト

❶

long ago	(熟) 昔，ずっと以前に
China	(名) 中国
there lived ～	(熟) ～が住んでいた
great	(形) 偉大な
Emperor	(名) 皇帝
palace	(名) 宮殿
around	(前) ～のまわりに，約～
garden	(名) 庭
stretch	(動) 広がる
farther than the eye can see	(熟) 見渡す限り
be full of ～	(熟) ～でいっぱいである
lovely	(形) 美しい
plant	(名) 植物，草

❷

among	(前) ～の中に
not ..... at all	(熟) 全く ..... ない
nightingale	(名) ナイチンゲール（鳥の一種）
mouth	(名) 口
come out	(熟) 出てくる

❸

one day	(熟) ある日
tell A of B	(熟) BのことをAに伝える
bring A to B	(熟) AをBのところへ持って［連れて］来る
at once	(熟) すぐに

❹

hear that S V	(熟) SがVすることを聞く
wish to V	(熟) Vしたいと願う
gladly	(副) 喜んで

❺

golden	(形) 金の
cage	(名)（鳥）かご
put A in B	(熟) AをBに入れる
heavenly	(形) 至福の，天国のような

❻

poor	(形) かわいそうな
hate to V	(熟) Vすることを嫌う
stay	(動) とどまる
all day	(熟) 1日中
..... no more	(熟) もはや ..... ない

Lesson 03

❼ The Emperor was angry. He ordered his wisest men to make a mechanical **4**
nightingale <that would sing (when it was wound up)>. The mechanical bird
was covered (with gold). Wonderful jewels sparkled (on its back and wings).
(When its golden key was turned), a beautiful song came (from its beak). The
real nightingale was allowed to fly out (into the garden).

❽ But the mechanical bird became worn and (no longer) sang (so well). **5**
(Then) the Emperor fell ill. He lay (in bed), and grew weaker and weaker.
He felt [that death was near].

❾ (Alone in his room), the Emperor wanted one last time <to hear the
nightingale>. But he was too weak (to turn the key). (Then), (from the
window), the lovely song came (into the room). The real nightingale sat (on
a branch) <outside>, and sang her heart (out).

❿ (In the morning), the Emperor was better (than before). But he was a
changed man. He ruled (for many more years) and the people were happier **6**
(than before) (because the Emperor changed (into a kinder man)).

15

20

25

---

4 order O to do は「O に～するよう命じる」の意味。that は a mechanical nightingale を先行詞とする主格の関係代名詞。it は a mechanical nightingale を指す。

5 worn はもともと wear「～を使い古す」の過去分詞で、be worn は「使い古されている（状態だ）」の意味。この be を become に置き換えると「使い古される」（動作）の意味になる。no longer sang so well は「もはや以前ほどどうまく鳴かない」の意味。well の後ろに as before を補って考えることができる。

6 文全体は A and B because ～．「～だから A であり B である」の構造。「比較級 + than before」は「以前よりも～」の意味。

❼ 皇帝は怒った。彼は部下の最高の賢者に，ねじを巻くと鳴く機械仕掛けのナイチンゲールを作るよう命じた。その機械仕掛けの鳥は，金で覆われていた。見事な宝石が背中や翼の上で輝いていた。その鳥の黄金の（ねじを巻くための）鍵が回されると，美しい鳴き声がくちばしから出てきた。本物のナイチンゲールは，かごを出て庭へ飛んで行くことを許された。

❽ しかし，機械仕掛けの鳥は使い古され，もはや以前ほどうまく鳴かなくなった。それから皇帝は病気になった。彼は床に横たわり，だんだん弱々しくなっていった。死が近いことを彼は感じた。

❾ 部屋で1人きりになって，皇帝は，最後に一度，ナイチンゲールの声が聞きたくなった。しかし，彼は弱っていて鍵を回すことができなかった。そのとき窓から，あの美しい鳴き声が彼の部屋に聞こえてきた。本物のナイチンゲールが外の枝にとまり，胸がはりさけんばかりの大きな声で鳴いた。

❿ 朝が来て，皇帝は以前よりも元気になった。しかし彼は，別人になっていた。彼はさらに何年も帝位についたが，国民は以前よりも幸福になった。それは皇帝が，前よりも思いやりのある人間に変わったからであった。

Lesson
03

❼

☐ angry	形	怒っている
☐ wise	形	賢い
☐ order ～ to V	熟	～に V するよう命じる
☐ mechanical	形	機械仕掛けの
☐ wind up ～	熟	（ねじを）巻き上げる
☐ be covered with ～	熟	～で覆われている
☐ gold	名	金
☐ jewel	名	宝石
☐ sparkle	動	輝く
☐ back	名	背中
☐ wing	名	翼
☐ key	名	（ねじを巻くための）鍵
☐ turn	動	～を回す
☐ beak	名	くちばし
☐ real	形	本物の
☐ be allowed to V	熟	V することを許される
☐ fly out	熟	飛び出す

❽

☐ worn	形	すり切れている
☐ no longer	熟	もはや ..... ない
☐ fall ill	熟	病気になる
☐ lay	動	横たわる
		lie-lay-lain
☐ grow C	動	C になる
☐ weak	形	弱い，壊れやすい
☐ death	名	死
☐ feel that S V	熟	S が V すると感じる［思う］
☐ near	形	近い

❾

☐ alone	副	1 人で
☐ too ... to V	熟	とても…なので V できない
☐ come into ～	熟	～の中へ入って来る
☐ branch	名	枝
☐ outside	副	外の［で］
☐ sing one's heart out		
	熟	声の限りに歌う

❿

☐ than before	熟	以前よりも
☐ rule	動	～を統治する
☐ change into ～	熟	～に変わる

LEVEL-3

Lesson 04
問題文

04

単 語 数 ▶ 336 words
制限時間 ▶ 20 分
目標得点 ▶ 40 / 50点

DATE

■次の英文を読み，あとの設問に答えなさい。

　Two or three times a week, a Japanese person stops me on the street or on a train and speaks to me in English. These people ask me all kinds of questions. "Where are you from?" "(A)What do you do?" "What do you think of Japanese men?" But (B)(ask / they / question / never / one) is "Do you speak English?"

　I always wonder how these people know I speak English. Do I have a big sign on my face that says, "I can speak English"? I look like an English speaker. This is true. I have light brown hair, light skin, and blue eyes. (C)But there are a lot of French, Russian, Dutch, and other people who look a lot like me. Some of them speak English, but many others do not.

　I don't mind if people practice a little English conversation with me. (1), I first met one of my very good friends when he said hello to me at the supermarket near my house. But these people are deciding that I can speak English because I "look" Western. Sometimes this makes me angry. (D)I say in Japanese to the person who spoke to me in English, "Sorry, I'm from Portugal. I don't speak English well."

　It is wrong to judge people by their appearance. Many Japanese believe that people (2) the same skin color or nationality also have the same habits and way of thinking. Making such judgments about one person can lead to wrong ideas about a whole group of people. This can be a serious problem.

Of course, judging that a person speaks English just because he looks Western is only a small prejudice. But (E)if we can be careful about small matters like this, it will be easier to be careful about big matters, too.

Lesson
04

So if you have a chance to speak English with a foreigner next time, go ahead. But before you ask "Where are you from?" and "What do you do?" ask something else first: "(3) ?"

設問

（1） 下線部(A)の返事の例として最も適切なものを，次の選択肢の中から1つ選びなさい。

1 I like watching television.　　**2** I am a teacher.

3 I often go to the movies.　　**4** Oh, I can't swim so well.

（2） 下線部(B)を正しく並べ替えなさい。

（3） 下線部(C)を和訳しなさい。

（4） （　1　）に当てはまる最も適切なものを，次の選択肢の中から1つ選びなさい。

1 In fact　　　　　　**2** By the way

3 However　　　　　**4** Of course

（5） （　2　）に当てはまる最も適切なものを，次の選択肢の中から1つ選びなさい。

1 from　　**2** on　　　**3** over　　　**4** with

（6） 下線部(D)について，筆者がこのような態度をとる理由を，40字程度の日本語で書きなさい。句読点も字数に数える。

（7） 下線部(E)を和訳しなさい。

（8） （　3　）に当てはまる最も適切な英文を，本文中から抜き出して書きなさい。

解　答　用　紙	
(1)	
(2)	
(3)	
(4)	(5)
(6)	
(7)	
(8)	

解答・解説

（1）　**1**　私はテレビを見るのが好きだ。

　　②　私は教師だ。

　　3　私はよく映画に行く。

　　4　おお，私はそんなに上手に泳げない。

▶「What do you do?」は**職業を尋ねる表現**なので，職業を答えているものを選べば正解です。

（2）　　語句群の ask と語句群直後の is の 2 つの動詞がヒントとなります。動詞が 2 つあることから，2 文をつなぐ接続詞の働きをする語［ここでは目的格の関係代名詞］が省略されていると判断できます。ask に三単現の s がないことから主語は語句群の they，is の主語は語句群に残ってる単数名詞 one question だとわかります。また，副詞の never は be 動詞・助動詞の後ろ，一般動詞の前に置くのが基本です。あとは，これらの条件を満たす形に並べれば正解です。

（3）　　前半は there are 複数名詞（複数名詞がいる［ある］）と，関係代名詞 who の先行詞が a lot of 〜 other people であることに注意してください。後半は，do not のあとに，前文の speak English が省略されていることに注意して訳しましょう。

（4）①　実際に　　　　　　　　　　**2**　ところで

　　3　しかしながら　　　　　　**4**　もちろん

▶「人々が私と一緒に少し英会話の練習をするのはかまわない。（ 1 ），私がとても仲の良い友人の 1 人に最初に出会ったのは，近所のスーパーでこんにちはと声をかけられたときだった」という文脈から考えます。

（5）　　「多くの日本人は，同じ肌の色や国籍を（ 2 ）人々は習慣や考え方も同じだと信じている」が文意です。（ 2 ）には「持つ（with）」を入れると意味が通じます。

（**6**）　「私は英語で話しかけてきた人に対して，『すみません，私はポルトガ
ル出身です。英語はうまく話せません』と日本語で言うことがある」が下
線部(**D**)の直訳です。その原因は，直前の文「this makes me angry」から
怒っているからだとわかり，「this」の内容はさらにその前文に書かれて
いるので，その部分を 40 字程度にまとめれば正解です。

（**7**）　it は to be 以下を指す形式主語です。easy が比較級 easier になって
いる点にも注意して訳しましょう。

（**8**）　直前に ask something else first「最初に別のこと～を尋ねなさい」と
あるので，最初に尋ねるべきことは何かを考えましょう。**第 1 段落でも
最終段落と同じ「質問」を使っている点**に気がつけば，（ **3** ）に入れる
べき質問がわかります。

正　解		
（**1**）(5点)	**2**	
（**2**）(7点)	one question they never ask	
（**3**）(8点)	しかし，私と全く同じような外見のフランス人，ロシア人，オランダ人，そしてその他の国の人々はたくさんいる。中には英語を話す人もいるが，他の多くは英語を話さない人々である。	
（**4**）(5点)	**1**	（**5**）(4点)　**4**
（**6**）(8点)	見た目だけで，自分が英語を話せると勝手に判断されることが腹立たしく思えるから。（39字）	
（**7**）(8点)	もしも私たちがこのような小さな問題に注意深くなることができれば，大きな問題に注意を払うことも，もっと簡単になるだろう。	
（**8**）(5点)	Do you speak English	

得点	（1回目）	（2回目）	（3回目）	CHECK YOUR LEVEL	0～30点 ➡ *Work harder!* 31～40点 ➡ *OK!* 41～50点 ➡ *Way to go!*
	／50点				

構造確認

[　]＝名詞　　□＝修飾される名詞　　＜　＞＝形容詞・同格　（　）＝副詞
S＝主語　V＝動詞　O＝目的語　C＝補語　′＝従節

❶ (Two or three times (a week)), a Japanese person stops me (on the street or on a train) and speaks to me (in English). These people ask me all kinds of questions. "Where are you from?" "What do you do?" "What do you think of Japanese men?" But one question <they never ask> is "Do you speak English?"

❷ I (always) wonder [how these people know [I speak English]]. Do I have a big sign (on my face) <that says, "I can speak English>?" I look (like an English speaker). This is true. I have light brown hair, light skin, and blue eyes. But there are a lot of French, Russian, Dutch, and other people <who look (a lot) (like me)>. Some <of them> speak English, but many others do not.

❸ I don't mind [if people practice a little English conversation (with me)]. (In fact), I (first) met one <of my very good friends> (when he said hello (to me) (at the supermarket <near my house>)). But these people are deciding [that I can speak English (because I "look" Western)]. (Sometimes) this makes me angry. I say (in Japanese) (to the person <who spoke to me (in English)>), "Sorry, I'm (from Portugal). I don't speak English (well)."

-------------- 構文解説 --------------

1 S は one question の後ろに関係詞節が続いている (they の前に目的格の関係代名詞 that [which] が省略されている) 形。

2 文全体は There are S. 「S がいる」の構造で, S が長くなっている。who は主格の関係代名詞で, 先行詞は a lot ～ people。

3 them は前文の S「私と外見がとてもよく似ている人々」を指す。do not は do not speak English の意味。

4 I say (in Japanese) to X は「私は (日本語で) X に言う」の意味。その後ろの引用符内が具体的な発言の内容。X は the person の後ろに who で始まる関係詞節が続いている。

【和訳】

❶ 週に 2，3 回，日本人が路上や電車の中で私を呼びとめ，英語で話しかけてくる。こうした人々は，私にあらゆる種類の質問をする。「どちらのご出身ですか」「お仕事は何ですか」「日本人の男性をどう思いますか」。しかし，彼らが決してしない質問は，「あなたは英語を話しますか」である。

❷ こうした人々は，私が英語を話すことをどうやって知るのだろうか，と私はいつも思う。「私は英語が話せます」という大きな標識が私の顔についているのだろうか。私は英語を話す人のような外見をしている。これは確かである。私は明るい茶髪で，色白で，目は青い。しかし，私と全く同じような外見のフランス人，ロシア人，オランダ人，そしてその他の国の人々はたくさんいる。中には英語を話す人もいるが，他の多くは英語を話さない人々である。

❸ 人々が私と一緒に少し英会話の練習をするのはかまわない。実際，私がとても仲の良い友人の1人に最初に出会ったのは，近所のスーパーでこんにちはと声をかけられたときだった。しかしこれらの人々は，私が西洋人「らしく見える」ために，私が英語を話せると判断している。このことが，時に私を腹立たしくさせることがある。私は英語で話しかけてきた人に対して，「すみません，私はポルトガル出身です。英語はうまく話せません」と日本語で言うことがある。

重要語句リスト

❶
a week	熟	1 週間につき
person	名	人
speak to ~	熟	~に話しかける
in English	熟	英語で
all kinds of ~	熟	あらゆる種類の~
ask ~ a question	熟	~に質問をする
Where are you from?	熟	どちらのご出身ですか
What do you do?	熟	お仕事は何ですか
What do you think of ~?	熟	~をどう思いますか

❷
wonder how S V	熟	どのようにして S は V するのかと（不思議に）思う
sign	名	標識，標示
face	名	顔
look like ~	熟	~に似ている，~のように見える
true	形	本当である
light	形	明るい，軽い
skin	名	皮膚，肌
eye	名	目
French	名	フランス人
Russian	名	ロシア人
Dutch	名	オランダ人
other	形	他の
a lot	熟	大いに，とても
others	代	他の人［もの］たち

❸
don't mind if S V	熟	S が V しても気にしない
practice	動	~を練習する
conversation	名	会話
in fact	熟	実際，実は
say hello to ~	熟	~にこんにちはと言う［あいさつする］
supermarket	名	スーパーマーケット
near	前	~の近くの［に］
decide that S V	熟	S が V すると判断する
because S V	接	S が V するので
look C	動	C のように見える
Western	形	西洋の
make O C	動	O を C にする
angry	形	怒っている
Portugal	名	ポルトガル

Lesson 04

❹ It is wrong [to judge people (by their appearance)]. Many Japanese believe
　S V C 〔to judge...〕　　　　　　　　　　　　　　S　　　　V
[that people <with the same skin color or nationality> (also) have the same
 O　S　　　　　　　　　　　　　　　　　　　　　　　　　　V　　O
habits and way <of thinking>]. [Making such judgments (about one person)]
　　　　　　S　　　　　　　　　　S　　　　　　　　　　　　　　　　　 20
can lead (to wrong ideas <about a whole group <of people>>). This can be
V　　　　　　　　　　　　　　　　　　　　　　　　　　　　　　　S　　V
a serious problem.
C

❺ (Of course), [judging [that a person speaks English (just because he looks
　　　　　　　　S　　　　　S'　　　V'　　　O'　　　　　　　　　S"　V"
Western)]] is (only) a small prejudice. But (if we can be careful (about small
C"　　　　V　　　　　C　　　　　　　　　　　S'　V'　　　C'
matters <like this>)), it will be easier [to be careful (about big matters)], (too).　25
　　　　　　　　　　　　S　V　　　C

❻ (So) (if you have a chance <to speak English (with a foreigner)> (next
　　　　　S'　V'　　O'
time)), go ahead. But (before you ask "Where are you from?" and "What do
　　　　　V　　　　　　　　　　S'　V'　　O'
you do?") ask something <else> (first): <"Do you speak English?">
　　　　　V　　O

⑤ S believe that ～は「S は～と（いうことを）信じている」の意味。that 節中は，S also have
O「S は O も持っている」の構造。with ～ nationality は people を修飾する形容詞句。

⑥文全体は S is C.「S は C だ」の構造で，S が長くなっている。judging (that ～) は「（～
と）判断すること」の意味の動名詞。just because ～は「単に～という理由だけで」の意味。

⑦ ask 以下は「尋ねなさい」の意味の命令文。その前に before で始まる副詞節が置かれてい
る。コロンの後ろは something else の具体的な説明。

48

❹ 外見で人を判断するのは間違っている。多くの日本人は，同じ肌の色や国籍を持つ人々は習慣や考え方も同じだと信じている。1人の人についてそのような判断をすることは，人々の集団全体について間違った考えを持つことにつながりうる。これは深刻な問題となりうる。

❺ もちろん，ある人が西洋人に見えるというだけでその人が英語を話すと判断するのは，ささいな先入観にすぎない。しかし，もしも私たちがこのような小さな問題に注意深くなることができれば，大きな問題に注意を払うことも，もっと簡単になるだろう。

❻ だから，今度あなたに外国人と英語を話す機会があれば，どんどんおやりなさい。しかし，「どちらのご出身ですか」とか「お仕事は何ですか」と尋ねる前に，最初に別のこと，つまり「あなたは英語を話しますか」ということを尋ねなさい。

Lesson 04

❹
- wrong　⑱ 間違っている，悪い
- judge A by B　⑲ B によって A を判断する
- appearance　⑧ 外見
- believe that S V　⑲ S が V すると信じる
- with　⑪ 〜を持っている
- same　⑱ 同じ
- nationality　⑧ 国籍
- habit　⑧ 習慣
- way of thinking　⑧ 考え方
- make a judgment　⑲ 判断を下す
- lead to 〜　⑲ 〜に通じる
- idea　⑧ 考え，思想
- whole　⑱ 全体の
- group　⑧ 集団，群れ
- serious　⑱ 深刻な
- problem　⑧ 問題

❺
- of course　⑲ もちろん
- prejudice　⑧ 先入観，偏見
- be careful about 〜　⑲ 〜に注意する
- matter　⑧ 問題
- like this　⑲ このような

❻
- chance　⑧ 機会
- next time　⑳ 今度
- go ahead　⑳ （遠慮なく）やれ →命令文で使う
- before S V　⑬ S が V する前に
- something else　⑳ 何か他のこと

END　49

Please teach me, teacher!

Q 長文問題に取り組んでいますが，点数が伸びません。
どうすれば長文問題で高得点が取れますか？

A 入試で出題される多くの長文問題では，「言語を速く処理する力」が試されます。

　長文問題で高得点を狙う皆さんは，このような試験の性質を理解したうえで勉強に取り組みましょう。本シリーズのレベル1〜4までの英文を，すべて音読する速度で読めるようになるまで繰り返し読む訓練をし，最終的には音声を聞きながら，英文の意味がスラスラわかるようになるということを目標にして学習してください。

　音で学ぶ習慣をつけることによって，皆さんの解答速度は大幅にアップするでしょう。英文読解力を身につけるために，ある程度の文法を学習することは非常に重要ですが，現在の入試において，文法問題の比重が低くなりつつあります。読解問題で高得点を取るためには，長文をスラスラと速く読む訓練を徹底的に行う必要があるのです。

　また，どのような試験でも同じですが，その試験の形式で高得点を取りたい場合には過去問や予想問題集が効果的です。それらを，時間を計って解き，出題形式や解答手順に慣れることが必要なのです。本シリーズを通じて，長文問題の得点をアップしたい皆さんは，ぜひ，本シリーズに合わせて，志望大学の過去問や予想問題集を数年分解き，練習をしてみてください。

LV3
STAGE-2

Lesson 05
問題文
LEVEL-3

単 語 数 ▶ 342 words
制限時間 ▶ 20 分
目標得点 ▶ 40 ／50点

DATE

■次の英文を読み，あとの設問に答えなさい。

About 5,000 years ago, people in Egypt made bread with flour and water. (A)They cooked the bread in the sun. When they traveled, they took bread with them. Other people also learned to make it. Bread became an important food in many places.

It is an old tradition to share bread and other food with friends. This tradition is called "breaking bread." The word "companion" (another word for "friend") tells us about this tradition. *Com* is an old word for "with" and *panis* is an old word for "bread." So a companion is "(1)," a friend.

In every country, family meals are an important tradition. But today people are often busy, and they cannot always eat with their family. Many years ago, the big meal of the day in France was lunch. But today many people are at work or at school at lunch time. So now, (2). They often sit down at about 8:00 p.m. to eat and talk for an hour or two.

In some countries, there are traditional times for snacks. In England, for example, people ate a snack between breakfast and lunch called "elevenses." At 11:00 a.m. some people still (3).

In Spanish, "eleven" is *once*. In Chile, there is a snack called *once*.

People eat bread, meat, and cake. They drink tea or coffee and talk with friends. But people in Chile don't have their *once* at 11:00 in the morning. They have it around 5:00 in the afternoon.

25   In the past, many families worked on farms. On holidays and at harvest time, they had "feasts." A "feast" is a very large meal people eat with family and friends. Today, (4), but there are still traditional harvest feasts in the United States and Canada.

Lesson
05

設問

(1) 下線部(A)を説明した文として最も適切なものを，次の選択肢の中から1つ選びなさい。

1 They made bread which looked like the sun.

2 They used energy from the sun to make bread.

3 They traveled and made bread in many places.

(2) （ 1 ）に当てはまる最も適切なものを，次の選択肢の中から1つ選びなさい。

1 a person with bread

2 an old tradition with

3 sharing breakfast with

(3) （ 2 ）に当てはまる最も適切なものを，次の選択肢の中から1つ選びなさい。

1 every family has a big lunch and a small dinner

2 a few families have a small lunch and a big dinner

3 many families have a small lunch and a big dinner

(4) 以下の3つの文を第4段落として意味が通るように並べて，本文中の □ に入れなさい。ただし，答えは記号で書くこと。

1 Then they eat a small dinner very late, at about 9:00 p.m.

2 So, families can eat a big lunch together.

3 In Spain, however, many stores and companies close for lunch.

(5) （ 3 ）に当てはまる最も適切なものを，次の選択肢の中から1つ選びなさい。

1 eat too much and don't walk or play outside

2 stop working and have tea with bread or cake

3 feel hungry but they work hard until lunch time

(**6**) 　（　4　）に当てはまる最も適切なものを，次の選択肢の中から 1 つ選び
　　　　 なさい。

　　　1 　fewer families work on farms

　　　2 　many people eat three big meals and lots of snacks

　　　3 　many adults and children are often busy at lunch time

(**7**) 　本文の内容と一致するものを，次の選択肢の中から 1 つ選びなさい。

　　　1 　Families in the U.S. don't have traditional harvest feasts any
　　　　　 more.

　　　2 　The tradition of family meals is important in every country.

　　　3 　People have traditional times for meals because they work for a
　　　　　 long time.

解　答　用　紙					
(1)		**(2)**		**(3)**	
(4)		→		→	
(5)		**(6)**		**(7)**	

解答・解説

（1） 1 彼らは太陽のように見えるパンを作った。

② 彼らはパンを作るのに太陽のエネルギーを使った。

3 彼らは旅をして，多くの場所でパンを作った。

▶ in the sun は「日向で，日の当たる場所で」という意味なので，太陽のエネルギーでパンを作ったと説明している **2** が正解です。

（2） 空所直前の文で，単語 companion の成り立ちについて書かれています。a companion is に続く空所には，companion の意味を説明する言葉が入ると考えられるので，with と bread の意味合いを含んだ **3** が適切です。**1** は空所の後の a friend とつながらないので不適切です。

（3） 1 どの家族も量の多い昼食と，量の少ない夕食を食べる

2 少しの家族が量の少ない昼食と，量の多い夕食を食べる

③ 多くの家族が量の少ない昼食と，量の多い夕食を食べる

▶ここではフランスにおける家族での食事について説明しています。空所の直前の2文の「何年も前は，1日のうちで量が多い食事といえば昼食だった。しかし今日，多くの人々が昼食の時間には職場や学校にいる」という記述から，**以前は昼食の量が多かったが，今ではそうではないこと**がわかるので，small lunch と big dinner の組み合わせが正しいと判断できます。また直前の文でも many people と書かれており，これは**多くの人**に当てはまる話であるとわかるため，**3** が最も適切です。

（4） 1 その後で，彼らは量の少ない夕食をとても遅く，午後9時ごろに食べる。

2 だから家族たちは量の多い昼食を一緒に食べることができる。

3 しかしながら，スペインでは，多くの店や会社は昼食のために閉まる。

▶　　　直前の段落でのフランスの例に対して，この段落ではスペインの例を紹介しています。**1** と **2** の文は，文と文をつなぐ Then と So で始まっているため，どちらも先頭にくるとは考えづらく，まず **3** が先頭にくると判断できます。**3** の「多くの店や会社は昼食のために閉まる」という内容を受けて，**2** の「だから〜昼食を一緒に食べることができる」と続くのが自然です。そして最後に，「昼食→夕食」の流れとなる **1** の文が続くとするのが適切です。

(5) **1** たくさん食べすぎて，外で歩いたり遊んだりしない

②　仕事を止めて，パンやケーキと一緒に紅茶を飲む

3　お腹が空くが，昼食の時間まで一生懸命働く

▶第5段落では，イングランドの伝統的な軽食の時間について書かれています。空所の直前の still「今でもまだ」がヒント。直前の文で「人々は朝食と昼食の間に『elevenses』と呼ばれる軽食を食べていた」と昔の慣習に関して書かれています。それに対して現在でも同じようなことが行われていると考えられるため，空所には「軽食を食べる」と同じような内容が入ると判断できます。よって **2** が正解です。

Lesson
05

(6) ①　農場で働く家族は以前よりも少ない

2　多くの人々が3回の量の多い食事とたくさんの軽食を食べる

3　多くの大人と子供が昼食の時間には大抵忙しい

▶空所の直前の3文では，昔は，多くの家族が農場で働いていて「ご馳走」を食べていたことが書かれています。また，空所の後では「今でもまだ，〜伝統的な収穫のご馳走が食べられている」と書かれています。これらから判断し，今では「農場で働く家族は以前よりも少ない」が，今でもご馳走が食べられているとするのが自然です。よって **1** が適切です。

(7) **1**　アメリカの家族はもはや伝統的な収穫のご馳走を食べていない。

　　→**第7段落**最終文「今でもまだ，アメリカやカナダでは伝統的な収穫のご馳走が食べられている」という記述に矛盾します。

②　家族での食事の伝統はどんな国でも重要である。

　　→**第3段落**第1文に一致します。

3　人々は長い時間働くため，伝統的な食事の時間を持っている。

　　→本文中にこのような記述はありません。

正 解		
(1) (7点) **2**	**(2)** (7点) **3**	**(3)** (7点) **3**
(4) (8点) **3→2→1**		
(5) (7点) **2**	**(6)** (7点) **1**	**(7)** (7点) **2**

得点	（1回目）　／50点	（2回目）	（3回目）	CHECK YOUR LEVEL	0〜30点 ➡ *Work harder!* 31〜40点 ➡ *OK!* 41〜50点 ➡ *Way to go!*

Lesson 05
構造確認

[ ]＝名詞　▢＝修飾される名詞　< >＝形容詞・同格　( )＝副詞
S＝主語　V＝動詞　O＝目的語　C＝補語　'＝従節

❶ (About 5,000 years ago), [people] <in Egypt> made bread (with flour and
　　　　　　　　　　　　　　　S　　　　　　　　　V　　O
water). They cooked the bread (in the sun). (When they traveled), they took
　　　　　S　　V　　　O　　　　　　　　　　　　　S'　　V'　　　　S　　V
bread (with them). Other people (also) learned [to make it]. Bread became an
O　　　　　　　　　S　　　　　　　V　　　O　　　　　S　　V　　C
important food (in many places).

❷ **1** It is an old tradition [to share bread and other food (with friends)]. This
　　　S　V　C　　　　　　　　　　　　　　　　　　　　　　　　　　　　　　　S
tradition is called "breaking bread." The word "companion" ([another word]
　　　　　　V　　　C　　　　　　　　　　S
<for "friend">) tells us (about this tradition). *Com* is [an old word] <for "with">
　　　　　　　　　V　　O　　　　　　　　　　　　　S①　V① C①
and *panis* is [an old word] <for "bread."> So a companion is "[sharing
　　　S②　　V②　C②　　　　　　　　　　S　　　　V　C
breakfast with]," <a friend>.

❸ (In every country), family meals are an important tradition. But (today)
　　　　　　　　　　　S　　　　　V　C
people are (often) busy, and they cannot (always) eat (with their family). (Many
S①　V①　　　C①　　　S②　V②
years ago), [the big meal] <of the day> (in France) was lunch. But (today) many
　　　　　　　S　　　　　　　　　　　　　V　　C　　　　　　　　S
people are (at work) or (at school) (at lunch time). So (now), many families
S　　V　　　　　　　　　　　　　　　　　　　　　　　　　　S
have a small lunch and a big dinner. They (often) sit down (at about 8:00 p.m.)
V　　O　　　　　　　　　　　　S　　　　V
2 (to eat and talk (for an hour or two)).

・・・・・・・・・・・・・・・・・・・・・・・・・・ 構文解説 ・・・・・・・・・・・・・・・・・・・・・・・・・・

1 It は後ろの不定詞 (to share ～) を指す形式主語。「それ」とは訳さない。

2 to eat and talk は「食べたり話したりするために」(目的を表す副詞的用法の不定詞)

【和訳】

❶ 約5000年前，エジプトの人々が小麦粉と水でパンを作った。彼らは日向でパンを作った。彼らは旅に出るときには，パンを持って行った。他の人々もまたパンの作り方を身につけた。パンは多くの場所で重要な食べ物となった。

❷ パンや他の食べ物を友達と分かち合うのは古い慣習である。この慣習は「breaking bread」（パンの分け合い）と呼ばれる。「companion」（連れ）という単語（「友達」を表すもう1つの単語）は私たちにこの慣習について教えてくれる。Comは「一緒に」という意味の古い単語で，panisは「パン」を表す古い単語である。だから連れというのは友達「と一緒に朝食を分け合うこと」なのだ。

❸ どの国においても，家族での食事は重要な慣習だ。しかし今日，人々は大抵忙しく，必ずしも家族と一緒にご飯を食べられるわけではない。フランスでは，何年も前は，1日のうちで量が多い食事といえば昼食だった。しかし今日，多くの人々が昼食の時間には職場や学校にいる。そのため今では，多くの家族が量の少ない昼食と，量の多い夕食を食べる。彼らは大抵，午後8時ごろに座って，1〜2時間，食べたり話したりする。

重要語句リスト

❶
- people 图 人々 → person の複数形
- Egypt 图 エジプト
- made 動 〜を作る make-made-made
- bread 图 パン
- with 前 〜で
- flour 图 小麦粉
- in the sun 熟 日向で，日の当たる場所で
- travel 動 旅行する
- took 動 〜を持って行く take-took-taken
- other 形 他の
- learn to V 熟 V する方法を身につける
- became 動 〜になる become-became-become
- important 形 重要な，大切な

❷
- it is ... to V 熟 V するのは…だ →形式主語構文
- tradition 图 慣習
- share 動 〜を分かち合う
- call O C 動 O を C と呼ぶ
- break 動 〜を分ける
- companion 图 連れ
- another 形 もう1つ[1人]の，別の
- tell A about B 熟 B について A に教える
- so 接 だから，つまり

❸
- every 形 どの〜も
- country 图 国
- family 形 家族の
- meal 图 食事
- today 副 今日は
- often 副 大抵
- cannot always V 熟 いつも V できるわけではない
- big 形 量が多い，大きい
- France 图 フランス
- at work 熟 職場で
- at school 熟 学校で
- small 形 少量の
- sit down 熟 座る
- talk 動 話す

❹ (In Spain), (however), many stores and companies close (for lunch). So,
families can eat a big lunch (together). (Then) they eat a small dinner (very
late), (at about 9:00 p.m.)

❺ (In some countries), there are traditional times <for snacks>. (In England),
(for example), people ate a snack <between breakfast and lunch> <called **3**
"elevenses." (At 11:00 a.m.) some people (still) stop [working] and have tea
(with bread or cake).

❻ (In Spanish), "eleven" is *once*. (In Chile), there is a snack <called *once*>.
People eat bread, meat, and cake. They drink tea or coffee and talk (with **4**
friends). But people <in Chile> don't have their *once* (at 11:00 in the morning).
They have it (around 5:00 in the afternoon).

❼ (In the past), many families worked (on farms). (On holidays) and (at harvest
time), they had "feasts." A "feast" is a very large meal <people eat (with **5**
family and friends)>. (Today), fewer families work (on farms), but there are
(still) traditional harvest feasts (in the United States and Canada).

20

25

30

---

3 between breakfast and lunch は a snack を修飾する形容詞句。さらに a snack ～ lunch
の全体を，後ろの分詞句 (called "elevenses") が修飾している。

4 or は tea と coffee を結び付けており，and は drink tea or coffee と talk with friends を結
び付けている。

5 people ～ friends は前の a very large meal を修飾する形容詞節。people の前に that
[which]（目的格の関係代名詞）が省略されている。

英文法レベル別問題集 ③訂版

＼スモールステップで文法力を強化!／

英文法 レベル別問題集 ③訂版
1 超基礎編

▶中学レベルの文法を総復習

安河内哲也

英文法 レベル別問題集 ③訂版
2 初級編

▶高校初級レベルの文法力完成

安河内哲也

英文法 レベル別問題集 ③訂版
3 標準編

▶入試標準レベルの文法力修得

安河内哲也

英文法 レベル別問題集 ③訂版
4 中級編

▶中堅私大合格レベルの文法力

安河内哲也

英文法 レベル別問題集 ③訂版
5 上級編

▶有名私大合格レベルの文法力

安河内哲也

英文法 レベル別問題集 ③訂版
6 最上級編

▶難関大合格レベルの文法力

安河内哲也

特別付録　復習までこれ1冊で!

復習用動画付き

▶本書の全Lessonの問題文(英文)と和訳を,字幕付きで視聴できる動画です。本書の問題演習を終えたら,この動画を使って復習しましょう。動画の音声を繰り返し聴いたり,音声に合わせて音読したりすることで,リスニング力が高まります!!

Lesson 01 　英文法レベル別問題集1 超基礎編［3訂版］
Q1
She gets up at six every morning.
彼女は毎朝6時に起きる。

▲実際の画面

【著】安河内哲也
【定価】①〜④:900円+税／⑤〜⑥:1,000円+税
【体裁】A5判／160〜216頁／3色刷

「① 超基礎編」
Lesson01の動画は
こちらから試聴できます!

❹ しかしながら，スペインでは，多くの店や会社は昼食のために閉まる。だから家族たちは量の多い昼食を一緒に食べることができる。その後で，彼らは量の少ない夕食をとても遅く，午後9時ごろに食べる。

❺ いくつかの国では，伝統的な軽食の時間がある。例えば，イングランドでは，人々は朝食と昼食の間に「elevenses」と呼ばれる軽食を食べていた。今でもまだ，午前11時に仕事を止めて，パンやケーキと一緒に紅茶を飲む人もいる。

❻ スペイン語で，「11」は once だ。チリには，once と呼ばれる軽食がある。人々はパンや肉，ケーキを食べる。彼らは紅茶やコーヒーを飲んで，友達と話す。しかしチリの人々は once を午前11時にするのではない。彼らは午後5時頃に行うのだ。

❼ 昔は，多くの家族が農場で働いていた。休日や収穫期には，彼らは「ご馳走」を食べた。「ご馳走」というのは，家族や友達と一緒に食べるとても量の多い食事である。今日，農場で働く家族は以前よりも少ないが，今でもまだ，アメリカやカナダでは伝統的な収穫のご馳走が食べられている。

❹
Spain	名 スペイン
however	副 しかしながら
store	名 店
company	名 会社
close	動 閉まる
together	副 一緒に
then	副 そのため
very	副 とても
late	副 遅く

❺
traditional	形 伝統的な
time	名 時間
snack	名 軽食
England	名 イングランド
for example	熟 例えば
ate	動 ～を食べる
	eat-ate-eaten
between A and B	熟 AとBの間に
still	副 今もまだ
stop Ving	熟 Vするのを止める
tea	名 紅茶
cake	名 ケーキ

❻
Spanish	名 スペイン語
Chile	名 チリ
meat	名 肉
drink	動 ～を飲む
coffee	名 コーヒー
morning	名 午前
around	前 約～，～のまわりに
afternoon	名 午後

❼
in the past	熟 昔は
farm	名 農場
holiday	名 休日
harvest	名 収穫
feast	名 ご馳走
large	形 量が多い
fewer	形 少ない
	few-fewer-fewest
the United States	名 アメリカ合衆国
Canada	名 カナダ

END

Lesson 06
問題文

■次の英文を読み，あとの設問に答えなさい。

Animals must protect themselves from becoming meals for other animals. One way is to hide. Prairie dogs live in "towns" made up of holes under the ground. If any prairie dog sees a dangerous animal, it starts crying. Then all the other prairie dogs hurry into their holes.

Some animals "hide" in a different way. They don't move or run away. They just "hide" from other animals by staying in the same place. One type of insect looks like a （ 1 ）. It sits very quietly among real leaves, and other animals believe that it is a leaf when they see it.

One type of rabbit living in very cold areas is the same color as the snow around it. When it becomes warmer and the snow turns to water, the animal changes the color of its hair from （ 2 ） to gray.

Some animals try to look bigger than they really are. One type of fish uses water or air to make itself bigger. By doing so, it becomes just like a large ball and makes other fish （ 3 ）. A baby cheetah has long hair on its head and back until it is three months old. The baby cheetah looks bigger than it really is because of the long hair.

Other animals keep away from danger by being fast. Some lizards can run thirty kilometers an hour — nineteen miles an hour. The fastest cheetah can run one hundred and thirteen kilometers an hour — about （ 4 ） miles an hour.

(A)Some animals do not move at all when they are in danger. Animals

62

around them think that they are dead and go away. One type of bird has another trick. If a person comes near its nest and its baby birds, the bird moves its wings very quickly around the person. The person looks at the 25 bird, follows it, and walks away.

Some animals use smells, some use "very hard clothes," and some use strong legs. It is surprising to find that there are so many different ways for animals to keep away from danger.

Lesson
06

(1) （ 1 ）に当てはまる最も適切な英語1語を，本文中から抜き出して書きなさい。

(2) （ 2 ）に当てはまる最も適切な英語1語を書きなさい。

(3) （ 3 ）に当てはまる最も適切なものを，次の選択肢の中から1つ選びなさい。

1 glad   **2** sad   **3** afraid   **4** bigger

(4) （ 4 ）に当てはまる最も適切なものを，次の選択肢の中から1つ選びなさい。

1 sixty   **2** seventy   **3** eighty

4 one hundred and sixty   **5** two hundred

(5) 本文の内容と一致するものを，次の選択肢の中から1つ選びなさい。

1 One type of insect, which looks like a leaf, hurries away when it is in danger.

2 A cheetah has long hair on its head and back until the age of three.

3 One type of lizard stops moving, like a dead animal, to protect itself.

4 No cheetah can run as fast as the fastest lizard.

5 One type of bird moves its wings quickly to keep a person away from its nest.

（**6**）　下線部(**A**)を和訳しなさい。

解　答　用　紙			
（**1**）		（**2**）	
（**3**）		（**4**）	
（**5**）			
（**6**）			

解答・解説

（1） 　「ある種の昆虫は，（ 1 ）のように見える」が文意です。直後の文を読むと「他の動物がそれを見たとき**木の葉だと信じてしまう**」とあるので，空所には leaf が入るとわかります。look like ～（～に似ている）は重要表現ですので覚えておきましょう。

（2） 　「暖かくなって雪が水に変わると，その動物は毛の色を（ 2 ）から灰色に変える」が文意です。前文に the same color as the snow（雪と同じ色）とあるので，空所には white（白色）が入るとわかります。

（3） **1** 　嬉しい　　　　　　　　　**2** 　悲しい
　　　　③ 　こわがる　　　　　　　　**4** 　より大きい
　　　▶「そうすることによって，その魚は大きなボールのようになり，他の魚を（ 3 ）の状態にする」が文意です。**第1段落**第1文にあるように，この文はほかの動物のえさになることから自分の身を守る手段を述べている文であることから判断します。make O C（O を C〔の状態〕にする）は重要表現ですので覚えておきましょう。

（4） **1** 　60　　　　　　**②** 70　　　　　　**3** 　80
　　　　4 　160　　　　　**5** 　200
　　　▶前の文「時速 30 キロ，つまり時速 19 マイル」がヒントとなります。時速 30 キロで 19 マイルなら，時速 113 キロは何マイルなのかを計算すれば良いということがわかります。「30：19 = 113：X」で計算をすると「X ≒ 72（マイル）」となり，この中で一番近い **2** が正解となります。ちなみに，1 マイルは約 1.6 キロメートルです（時速 113 キロは時速 30 キロの約 3.8 倍なので，時速 19 マイル × 3.8 倍 ≒ 72 マイルと求めることもできます）。

(5)　1 葉っぱのように見えるある種の昆虫は，危険な状態になったとき，急いで遠ざかる。

→**第2段落**で，「**動いたり逃げ出したりしない**」昆虫として挙げられています。

2 3歳まで，チーターは頭と背中に長い毛がある。

→**第4段落第4文**「チーターの赤ん坊は，**生後3カ月になるまで，頭と背中に長い毛がある**」という記述に矛盾します。

3 ある種のトカゲは，自分の身を守るため，死んだ動物のように動くのをやめる。

→トカゲは**第5段落**で，「**速いことによって危険からのがれるもの**」として挙げられています。

4 最も速いトカゲほど速く走れるチーターはいない。

→**第5段落**に，あるトカゲは時速30キロ，最速のチーターは時速113キロとあります。また，本文に最速のトカゲに関する記述はありません。

⑤ ある種の鳥は，巣から人間を遠ざけておくために，すばやく自分の羽を動かす。

→**第6段落第4〜最終文**に一致します。

(6)　重要表現，not ..... at all（**全く ..... ない**），be in danger（**危険な状態である**），go away（**去っていく**）に注意して訳しましょう。

正　解			
(1) (8点)	leaf	**(2)** (8点)	white
(3) (8点)	3	**(4)** (8点)	2
(5) (8点)	5		
(6) (10点)	動物の中には，危険な状態になったとき全く動かないものもいる。まわりの動物は，それらの動物が死んでいると思って去って行く。		

得点	(1回目) /50点	(2回目)	(3回目)	CHECK YOUR LEVEL	0〜30点 ➡ *Work harder!* 31〜40点 ➡ *OK!* 41〜50点 ➡ *Way to go!*

[　]=名詞　⬚=修飾される名詞　< >=形容詞・同格　( )=副詞
S=主語　V=動詞　O=目的語　C=補語　'=従節

❶ Animals must protect themselves (from [becoming ⬚meals <for other
animals>]).　One way is [to hide].　Prairie dogs live (in "⬚towns" <made up
of ⬚holes <under the ground>>).　(If any prairie dog sees a dangerous animal),
it starts crying.　(Then) all the other prairie dogs hurry (into their holes).
❷ Some animals "hide" (in a different way).　They don't move or run away.
They (just) "hide" (from other animals) (by [staying (in the same place)]).
One type of insect looks (like a leaf).　It sits (very quietly) (among real leaves),
and other animals believe [that it is a leaf] (when they see it).
❸ ⬚One type of rabbit <living in very cold areas> is the same color as ⬚the
snow <around it>.　(When it becomes warmer and the snow turns (to water)),
the animal changes ⬚the color <of its hair> (from white to gray).
❹ Some animals try [to look bigger than they (really) are].　One type of fish
uses water or air (to make itself bigger).　(By [doing so]), it becomes (just)
(like a large ball) and makes other fish afraid.　A baby cheetah has long hair
(on its head and back) (until it is three months old).　The baby cheetah looks
bigger than it (really) is (because of the long hair).

─────────── 構文解説 ───────────

1 made up 以下の過去分詞句が，前の "towns" を修飾している。under the ground は前の
holes を修飾する形容詞句。

2 and が2つの文を結び付けている。3つの it はすべて前文の One type of insect を指す。
they は other animals を指す。

3 文全体は S is the same color as ～ .「S は～と同じ色だ」の構造。living ～ areas は前の
one type of rabbit を修飾する。最後の it は one type of rabbit ～ areas を指す。

4 By doing so は「そうすることによって」の意味の副詞句。it は前文の One type of fish を
指す。make other fish afraid は VOC の形で，「他の魚をこわがらせる」の意味。

【和訳】

❶ 動物は，他の動物の食事［えさ］になること から自分の身を守らねばならない。1つの方法 は，隠れることである。プレーリードッグは，地 下にある穴でできた「町」に住んでいる。どれか 1匹のプレーリードッグが危険な動物を見かける と，大声で鳴き始める。すると他のすべてのプレー リードッグが急いで穴に入るのである。

❷ 動物の中には，違う方法で「隠れる」ものも いる。彼らは動いたり逃げ出したりしない。同じ 場所にとどまっているだけで，他の動物から「隠 れる」のである。ある種の昆虫は，木の葉のよう に見える。本物の木の葉の間でとても静かにじっ としていれば，他の動物がそれを見たとき木の葉 だと信じてしまう。

❸ とても寒い地方に住むある種のウサギは，ま わりの雪と同じ色をしている。暖かくなって雪が 水に変わると，その動物は毛の色を白色から灰色 に変える。

❹ 実際よりも体を大きく見せようとする動物も いる。ある種の魚は，自分の体を大きくするため に水や空気を使う。そうすることによって，その 魚は大きなボールのようになり，他の魚をこわが らせる。チーターの赤ん坊は，生後3カ月になる まで，頭と背中に長い毛がある。チーターの赤ん 坊は，その長い毛のおかげで実際よりも大きく見 えるのである。

重要語句リスト

❶
- protect oneself from ~　熟 ～から自分の身を守る
- meal　名 食事
- other　形 他の
- way　名 方法，点
- hide　動 隠れる
- prairie dog　名 プレーリードッグ
- (be) made up of ~　熟 ～でできている
- hole　名 穴
- ground　名 地面
- dangerous　形 危険な
- start Ving　熟 Vし始める
- cry　動 大声で鳴く，叫ぶ
- hurry into ~　熟 急いで～へ入る

❷
- different　形 異なる，様々な
- move　動 動く，動かす
- run away　熟 逃げ去る
- by Ving　熟 Vすることによって
- stay　動 とどまる
- same　形 同じ
- place　名 場所
- type　名 種類，型
- insect　名 昆虫
- look like ~　熟 ～のように見える，～に似ている
- leaf　名 葉　→複数形は leaves
- quietly　副 静かに
- among　前 ～の間に
- real　形 本物の
- believe that S V　熟 SがVすると信じる

❸
- rabbit　名 ウサギ
- area　名 地方，地区，地域
- warm　形 暖かい
- turn to ~　熟 ～に変わる
- hair　名 毛，髪
- gray　名 灰色

❹
- try to V　熟 Vしようとする
- look C　動 Cに見える
- really　副 実際に，本当に
- air　名 空気
- make O C　動 OをCにする
- just like ~　熟 ～のように［な］
- afraid　形 こわがっている
- baby　形 赤ん坊の
- cheetah　名 チーター
- head　名 頭
- back　名 背中
- until S V　接 SがVするまで
- month　名 (暦の) 月
- because of ~　熟 ～のために

Lesson 06

❺ Other animals keep away (from danger) (by [being fast]). Some lizards can run ([thirty kilometers (an hour)] — <nineteen miles (an hour)>). The fastest cheetah can run ([one hundred and thirteen kilometers (an hour)] — <about seventy miles (an hour)>).

❻ Some animals do not move (at all) (when they are (in danger)). [Animals] <around them> think [that they are dead] and go away. One type of bird has another trick. (If a person comes (near its nest and its baby birds)), the bird moves its wings (very quickly) (around the person). The person looks at the bird, follows it, and walks away.

❼ Some animals use smells, some use "very hard clothes," and some use strong legs. It is surprising [to find [that there are [(so) many different ways] (for animals) <to keep away (from danger)>]].

5 run は「～ (の距離) を走る」の意味の他動詞。ダッシュの後ろは前の one ～ hour を言い換えたもの (1 mile ＝約 1.6 kilometers)。

6 them と they は前文の Some animals を指す。S は Animals around them。V は A and B の形で、A = think ～ dead, B = go away。

7 It は後ろの to find 以下を指す形式主語。ways for A to do は「A が～するための方法」の意味で、for A (意味上の主語) + to do (形容詞的用法の不定詞) の形になっている。

❺ 他の動物たちの中には，速いことによって危険からのがれるものもいる。あるトカゲは，時速30キロ，つまり時速19マイルで走ることができる。最も速いチーターは，時速113キロ，つまり時速約70マイルで走ることができる。

❻ 動物の中には，危険な状態になったとき全く動かないものもいる。まわりの動物は，それらの動物が死んでいると思って去って行く。ある種の鳥は，別の策を持っている。人が巣やひな鳥に近づくと，その鳥はその人のまわりでとてもすばやく羽を動かす。その人は鳥を見てそれを追いかけ，歩き去って行く。

❼ 動物の中には，においを使うものや，「非常に硬い服［外皮］」を使うものや，強い足を使うものもいる。動物が危険からのがれるためのとても多種多様な方法があるとわかるのは驚くべきことである。

❺

☐ keep away from ～	熟 ～を避ける，～に近づかない
☐ danger	名 危険
☐ fast	形 速い
☐ lizard	名 トカゲ
☐ kilometer	名 キロメートル
☐ an hour	熟 1時間につき
☐ mile	名 マイル

❻

☐ not ..... at all	熟 全く ..... ない
☐ (be) in danger	熟 危険な状態で（ある）
☐ dead	形 死んでいる
☐ go away	熟 去って行く
☐ another	形 別の，もう1つ［1人］の
☐ trick	名 策略，ごまかし
☐ person	名 人
☐ come near ～	熟 ～に近づいてくる
☐ nest	名 巣
☐ wing	名 翼
☐ quickly	副 すばやく
☐ follow	動 ～を追いかける
☐ walk away	熟 歩き去る

❼

☐ smell	名 におい
☐ hard	形 硬い
☐ clothes	名 衣服
☐ leg	名 足
☐ surprising	形 驚くべき，意外な

Lesson
06

Lesson 07
問題文
LEVEL-3

単語数 ▶ 349 words
制限時間 ▶ 20 分
目標得点 ▶ 40 ／50点
DATE

■次の英文を読み，あとの設問に答えなさい。

　Do you know anything about the moon?　Watching the moon is interesting.　Now we know that the moon is near the earth and goes around the earth （　1　） about a month.　Long ago people all over the world imagined many things when they looked at the moon.　Some people believed it was a god.　And （　2　） thought it was just a light in the sky or a big ball of cheese.　In Japan people thought there was a rabbit on the moon.　People wanted to go to the moon, but it was only a dream.

　Later people learned a lot of things about the moon.　When people looked at it with telescopes, they found that it was really another world. People were dreaming of (A)(visit) it. (B)Many men and women worked together to find how to send some people to the moon.

　In 1969, that dream came true.　（　3　） July 20th, Apollo 11 of the United States of America left the earth to go to the moon.　About five days later, two astronauts stood on the moon （　4　） last!　A lot of people on the earth were watching it on TV.　First the men saw a lot of dust all over the ground, and the men left footprints on the moon.　There is no wind or rain, so they will stay there （　5　） a very long time.

　The two astronauts walked on the moon for four hours to get rocks and dust (C)to bring back to the earth.　They put machines on the ground and left (D)them there because scientists wanted to learn more about the

72

moon.　Then they climbed back into their moon-landing craft.[*]

The next day it took off from the moon.　They joined another man in the spaceship (E)that waited for them above the moon.　Then they began

25　the trip back to the earth.

It was decades ago, but many people still remember that day.　Soon we will be able to travel to the moon.　Of course it is not easy to learn everything about the moon, but (F)it will be much more important for us.

Lesson
07

---

*　moon-landing craft（月着陸船）

設問

（**1**）　（　1　），（　3　），（　4　），（　5　）に当てはまる最も適切な前置詞を，次の選択肢の中から1つずつ選びなさい。ただし，文頭にくる語も小文字で示してある。

1 on　　　　**2** at　　　　**3** in　　　　**4** to　　　　**5** for

（**2**）　（　2　）内に当てはまる最も適切なものを，次の選択肢の中から1つ選びなさい。

1 others　　　**2** another　　　**3** all　　　　**4** they

（**3**）　下線部(A)の（　　　　）の語を，適切な形に直して，1語で書きなさい。

（**4**）　下線部(B)，(F)を，それぞれ和訳しなさい。ただし，下線部(F)は it の内容がわかるように訳すこと。

（**5**）　下線部(C)と同じ用法の不定詞を含む英文を，次の選択肢の中から1つ選びなさい。

1　My hobby is to listen to music.
2　Give me something to drink.
3　I went to the park to play tennis.

（**6**）　下線部(D)が指す最も適切な英語1語を，本文中から抜き出して書きなさい。

（**7**）　下線部(E)と同じ用法の that を含む英文を，次の選択肢の中から1つ選びなさい。

1　This is the train that goes to Osaka.
2　That bag over there is mine.
3　I know that he is rich.

(8) 本文の内容と一致するものを，次の選択肢の中から3つ選びなさい。

1 月は地球からはるかに遠いところを回っている。

2 昔，月を神だと信じた人々もいた。

3 1969年7月20日に人類は初めて月に立った。

4 アポロ11号が地球を出発して再び地球に戻るのに5日かかった。

5 宇宙飛行士たちが最初に目にしたのは，地面に積もった大量のちりであった。

6 宇宙飛行士たちが残した足跡は長い間消えることはないであろう。

7 宇宙飛行士たちは月に降り立って4時間後に月を飛び立った。

8 地球を飛び立った宇宙飛行士たち全員が月面に立った。

Lesson
07

解　答　用　紙			
(1)	（1）　　　（3）　　　（4）　　　（5）		
(2)		**(3)**	
(4)	(B)		
	(F)		
(5)		**(6)**	
(7)		**(8)**	

Lesson 07
解答・解説

(1)

    (1)   in a month（1 カ月で）に about（約）が入った形。

    (3)   on July 20th（7 月 20 日に）。日付の前には on が付きます。

    (4)   at last（ついに）。

    (5)   for a long time（長い間）に very（とても）が入った形。

(2)   前文の Some people がヒントとなります。**Some 〜 . And others ...**（〜する人もいれば，…する人もいる）は重要表現ですので覚えておきましょう。

(3)   下線部直前の前置詞 of がヒントとなります。前置詞の後ろに動詞を持ってくるときは動名詞［Ving］にします。

(4)

    (B) 「to find」は第 1 文型の文の後ろにあるので，不定詞の副詞的用法（目的）で「見つけるために」となります。また，how to V（V する方法）にも注意して訳しましょう。

    (F) 代名詞 it は基本的に前文に出た単数名詞を指します。前文に形式主語 it があり，形式主語 it は to learn everything about the moon を指していますが，下線の it も同じ所を指しています。比較級の強調である **much +** 比較級（**はるかに** 比較級）にも注意しましょう。

(5) **1** 私の趣味は音楽を聞くことです。（不定詞の名詞的用法）

     ② 私に何か飲み物をくれ。（不定詞の形容詞的用法）

     3 私はテニスをするために公園へ行った。（不定詞の副詞的用法）

     ▶ to bring は rocks and dust を修飾する不定詞の形容詞的用法です。

(6)   代名詞 them は基本的に前の文に出た複数名詞を指します。and で 2 文をつないでいるので，前の文が They put machines on the ground だとわかれば，them が machines を指すとわかります。

(7) ① これは大阪へ向かう電車です。（主格の関係代名詞）

2 向こうにあるあのバッグは私の物です。（指示代名詞の形容詞用法）

3 私は彼が金持ちだと知っています。（接続詞）

▶ that の前後の動詞 joined と waited がヒントとなります。that は 2 文をつなぐ接続詞の働きをしており，waited の主語が抜けているので，**主格の関係代名詞**だとわかります。

(8) 1 **第 1 段落**第 3 文「月が地球に近く〜」という記述に矛盾します。

② **第 1 段落**第 5 文に一致します。

3 **第 3 段落**第 1 〜 2 文から，地球を飛び立ったのが 1969 年 7 月 20 日であり，第 3 文から月に立ったのは，そのおよそ 5 日後であったことがわかります。

4 戻るのにかかった日数に関する記述はありません。5 日かかったのは月へ行くのにかかった日数です。

⑤ **第 3 段落**第 5 文に一致します。

⑥ **第 3 段落**第 5 〜最終文に一致します。

7 **第 4 段落**第 1 文に「4 時間歩いた」とあり，**第 5 段落**第 1 文に「翌日，月着陸船は月を離陸した」とあります。

8 **第 5 段落**第 2 文に「月の上空で彼らを待っていた宇宙船のもう 1 人の宇宙飛行士に合流した」とあるので，全員が月面に立ったわけではありません。

	正　解					
(1) (各2点)	(1)　3		(3)　1		(4)　2	(5)　5
(2) (3点)	1			(3) (3点)	visiting	
(4) (各8点)	(B) 多くの男女が，月に人間を送る方法を見つけるためにともに働いた。					
	(F) 月についてすべてのことを学ぶことは，私たちにとってはるかに大切になるだろう。					
(5) (3点)	2			(6) (2点)	machines	
(7) (3点)	1			(8) (各4点)	2, 5, 6	

得点	(1回目) ／50点	(2回目)	(3回目)	CHECK YOUR LEVEL	0〜30点 ➡ *Work harder!* 31〜40点 ➡ *OK!* 41〜50点 ➡ *Way to go!*

構造確認

[　]=名詞　　□=修飾される名詞　< >=形容詞・同格　( )=副詞
S=主語　V=動詞　O=目的語　C=補語　'=従節

❶ Do you know [anything] <about the moon>? [Watching the moon] is
　S　V　O　　　　　　　　　　　　　　　S　　　　V
interesting. (Now) we know [that the moon is (near the earth) and goes
C　　　　　　　S　V　O　　S'　　V'①　　　　　　　　V'②
(around the earth) (in about a month)]. (Long ago) [people] <all over the
　　　　　　　　　　　　　　　　　　　　　　　　　S
world> imagined many things (when they looked at the moon). Some people
　　　V　　O　　　　　　S'　V'　　O'　　　　S
believed [it was a god]. And others thought [it was (just) [a light] <in the sky>
V　　O'S'　V'　C'　　　　S　V　　O'S'　V'　　　C'①
or [a big ball] <of cheese>]. (In Japan) people thought [there was a rabbit (on
　C'②　　　　　　　　　　　S　V　　O'　V'　S'
the moon)]. People wanted [to go (to the moon)], but it was (only) a dream.
　　　　　　S　V　O　　　　　　　　　S　V　　　C
❷ (Later) people learned [a lot of things] <about the moon>. (When people
　　　S　V　O　　　　　　　　　　　S'
looked at it (with telescopes)), they found [that it was (really) another world].
V'　O'　　　　　　　S　V　O　S'　V'　　　C'
People were dreaming (of [visiting it]). Many men and women worked
S　V　　　　　　　　　　　S　　　　　　V
(together) (to find [how to send some people (to the moon)]).

─── 構文解説 ───

❶文全体は We know that 〜 .「私たちは〜ということを知っている」の構造。that 節中の S
は the moon で，V は A and B の形になっている。

❷文全体は S worked together to find 〜 .「S は〜を見つけるためにともに働いた［協力し
た］」の構造。to find は「見つけるために」（目的を表す副詞的用法の不定詞）で，how to
send 〜は「〜を送る方法，〜をどのようにして送るか」という意味を持つ。

【和訳】

❶ あなたは，月について何か知っているだろうか。月を見ることは面白い。現在私たちは，月が地球に近く，約1カ月で地球のまわりを回ることを知っている。昔は世界中の人々が，月を見たとき多くのことを想像した。月は神様だと信じていた人々もいた。また，月は空にあるただの明かり，あるいは大きなチーズの玉だと思った人々もいた。日本では，月にはうさぎがいると人々は考えた。人々は月へ行きたいと思ったが，それはただの夢にすぎなかった。

❷ あとになって，人々は月について多くのことを知った。望遠鏡で月を見たとき，人々は月が本当に別世界であることを知った。人々は，月に訪れることを夢見た。多くの男女が，月に人間を送る方法を見つけるためにともに働いた。

重要語句リスト

❶

☐ the moon	名	月
☐ go around ~	熟	～のまわりを回る
☐ long ago	熟	（ずっと）昔
☐ all over ~	熟	～中の［で］
☐ imagine	動	～を想像する
☐ some A, (and) others B	熟	A なものもあれば B なものもある
☐ believe (that) S V	熟	S が V すると信じる
☐ god	名	神
☐ just	副	ただ～にすぎない (=only)
☐ light	名	明かり
☐ sky	名	空
☐ cheese	名	チーズ
☐ rabbit	名	うさぎ
☐ dream	名	夢

❷

☐ later	副	あとになって
☐ learn	動	～を習う，～を知る
☐ with	前	～を使って
☐ telescope	名	望遠鏡
☐ find that S V	熟	S が V することがわかる
☐ really	副	本当に，実際に
☐ another world	名	別世界
☐ dream of Ving	熟	V することを夢見る
☐ together	副	一緒に
☐ how to V	熟	V する方法，V の仕方
☐ send A to B	熟	A を B に送る

Lesson

07

❸ (In 1969), that dream came true. (On July 20th), Apollo 11 <of the United
States of America> left the earth (to go (to the moon)). (About five days later),
two astronauts stood (on the moon) (at last)! A lot of people <on the earth>
were watching it (on TV). (First) the men saw a lot of dust (all over the
ground), and the men left footprints (on the moon). There is no wind or rain,
so they will stay (there) (for a very long time).

❹ The two astronauts walked (on the moon) (for four hours) (to get rocks
and dust <to bring back (to the earth)>). They put machines (on the ground)
and left them (there) (because scientists wanted [to learn more (about the
moon)]. (Then) they climbed (back) (into their moon-landing craft).

❺ (The next day) it took off (from the moon). They joined another man <in
the spaceship <that waited for them (above the moon)>>. (Then) they began
the trip <back to the earth>.

❻ It was decades ago, but many people (still) remember that day. (Soon) we
will be able to travel (to the moon). (Of course) it is not easy [to learn
everything <about the moon>], but it will be much more important (for us).

15

20

25

---

❸ to go は「行くために」（目的を表す副詞的用法の不定詞）。

❹ to bring back は「持ち帰るための」（前の rocks and dust を修飾する形容詞的用法の不定詞）。

❺ that は主格の関係代名詞で，that 以下は前の the spaceship を詳しく説明している。

❻ it is not easy to learn ～は「～を学ぶことは簡単ではない」の意味で，it は後ろの不定詞を指す形式主語。much は後ろの比較級（more important）を強調して「（～より）はるかに」の意味を表す。

❸ 1969 年に，その夢は実現した。7 月 20 日に，アメリカ合衆国のアポロ 11 号が，月へ行くために地球を飛び立った。およそ 5 日後，2 人の宇宙飛行士がついに月に立った。地球上の多くの人々が，それをテレビで見ていた。最初にその宇宙飛行士たちには，地面一帯にたくさんのちりが見え，そして彼らは月に足跡を残した。風も雨もないため，それらはずっと長い間そこに残るだろう。

❹ 2 人の宇宙飛行士は，地球に持ち帰るための岩やちりを手に入れるために，月の上を 4 時間歩いた。科学者たちが月についてもっと調べたかったので，宇宙飛行士たちは地面に機械を置き，それらをそこに残した。それから彼らは，よじ登って月着陸船へ戻った。

❺ 翌日，月着陸船は月を離陸した。彼らは，月の上空で彼らを待っていた宇宙船のもう 1 人の宇宙飛行士に合流した。それから彼らは，地球への帰路に着いた。

❻ それは数十年前のことだったが，多くの人々が今でもその日を覚えている。まもなく私たちは，月へ旅行することができるだろう。もちろん月についてすべてのことを学ぶことは簡単ではないが，そのことは私たちにとってはるかに大切になるだろう。

❸

☐ come true	熟 実現する
☐ leave	動 〜を出発する，〜を残す
☐ the earth	名 地球
☐ astronaut	名 宇宙飛行士
☐ at last	熟 ついに，最後には
☐ on TV	熟 テレビで
☐ dust	名 ちり，ほこり
☐ ground	名 地面
☐ footprint	名 足跡
☐ stay	動 残る，とどまる

❹

☐ rock	名 岩
☐ bring A back to B	熟 A を B へ持ち帰る
☐ put A on B	熟 B の上に A を置く
☐ machine	名 機械
☐ scientist	名 科学者
☐ climb	動 （よじ）登る
☐ moon-landing craft	
	名 月着陸船

Lesson 07

❺

☐ take off	熟 離陸する
☐ join	動 〜に合流する，〜に参加する
☐ spaceship	名 宇宙船
☐ wait for 〜	熟 〜を待つ
☐ above	前 〜の上で［に］
☐ trip back to 〜	熟 〜へ戻る旅

❻

☐ still	副 今もまだ
☐ remember	動 〜を覚えている
☐ soon	副 まもなく，すぐに
☐ will be able to V	熟 V することができるだろう
☐ travel	動 旅行する
☐ of course	熟 もちろん
☐ it is ... to V	熟 V するのは…だ
	→形式主語構文
☐ much more ... (than 〜)	
	熟 （〜より）はるかに…
☐ important	形 大切な，重要な

Lesson 08
問題文
LEVEL-3

単 語 数 ▶ 359 words　DATE
制限時間 ▶ 20 分
目標得点 ▶ 40 ／50点

■次の英文を読み，あとの設問に答えなさい。　⓪

　Most American school children are taught Robert Frost's poem, "The Road Not Taken." In it the poet presents a path in the woods which splits into two different roads: the one that is covered （ 1 ） grass and is the less traveled road, and the cleared one that many people use. The less traveled road could lead （ 2 ） a more interesting and exciting life and the cleared one could mean an ordinary life.　5

　I think the less traveled road in this poem, and especially the way it's taught in school, expresses part of the American Dream. As the poem says, taking the less traveled road can (A)make all the difference. "To make the difference" is an expression that never has a negative meaning　10 in English. That is the idea that if you wish to be different and to follow your own way, life will be more exciting. It's fairly common for teachers or parents to tell children, "If you (B)believe in yourself, you can do anything: become a doctor, a famous musician, or even the President of the United States."　15

　But is it always true? Of course, the American Dream sounds good and for some people it works. But it can be a problem too. I remember one friend saying he hated being told he could do anything when he was growing up. He didn't want to be a doctor or the President and (C)(something / told / do / special / being / to) made him feel bad for　20 wanting a more ordinary life. （ 3 ） all, some people are happier on the often used path.

In my case, even though I've met lots of （ **D** ） people in Japan, I think coming to Japan has helped me to understand the value of being
25 ordinary. For example, a Japanese advertising* campaign for beer said, this is the beer that ordinary people drink. And that was enough to sell it.

Of course I'll never know for sure which path is better. （ **4** ） coming to Japan, I think I chose the less traveled road. But now that I'm
30 here, that ordinary path looks very good to me （ **5** ） times. But then, life is full of ironies, isn't it?

Lesson
08

---

* 　Robert Frost（フロスト〔米国の詩人〕）　　split（分かれる）
　　advertising（広告）

(1) （ 1 ）〜（ 5 ）に当てはまる最も適切なものを，次の選択肢の中から 1 つずつ選びなさい。ただし，同じ記号を 2 度用いてはならない。

1 after　　**2** at　　**3** with　　**4** in　　**5** to

(2) 下線部(A)が表す内容として最も適切なものを，次の選択肢の中から 1 つ選びなさい。

1 give you a feeling of being a stranger there
2 help you do something unique that only a few try to do
3 make it possible for you to do something you haven't experienced
4 bring you something of great value others want to get

(3) 下線部(B)が表す内容として最も適切なものを，次の選択肢の中から 1 つ選びなさい。

1 think that your idea is better than those of others
2 think that you are and will be a good person
3 think that your way of living is right
4 think that you are able to reach your goal

(4) 下線部(C)を正しく並べ替えなさい。

(5) （ D ）に当てはまる最も適切なものを，次の選択肢の中から 1 つ選びなさい。

1 common　　**2** able　　**3** unusual　　**4** well-known

(6) 本文の内容と一致するものを，次の選択肢の中から2つ選びなさい。

1 アメリカでは将来に備え，学校教育の場で子供たちに道徳観を身につけさせることに主眼が置かれている。

2 アメリカでは親や教師が子供たちに，自分の信念を貫いていくことが大切であると説くことは，一般的である。

3 アメリカンドリームを追い求める姿勢があって，初めてその人の人生は豊かになるというアメリカ人の共通理念がある。

4 堅実な道を歩もうとしている人にとって，アメリカでの生活は自分を発揮しきれないと感じることが多い。

5 筆者は日本にやって来る前，ありきたりの人生を送る人はつまらない人だと強く心に抱いていた。

6 筆者はアメリカでの生活より日本での生活の方が，本質的な価値観が合っていると信じている。

7 筆者は日本で暮らしている間に，「普通の人が飲むビール」という歌い文句が，宣伝効果につながると理解できるようになった。

8 日本人とアメリカ人の文化的な水準が異なることを考慮すると，両者の国民性の優劣をつけることは極めて難しいと筆者は感じている。

Lesson
08

解　答　用　紙				
(1)	（ 1 ）　　（ 2 ）　　（ 3 ）　　（ 4 ）　　（ 5 ）			
(2)		**(3)**		
(4)				
(5)		**(6)**		

解答・解説

(1)

(1)　cover A with B（B で A を覆う）の受動態，A be covered with B（A は B で覆われている）。

(2)　lead to 〜（〜に通じる）。

(3)　after all（結局）。

(4)　in Ving（V するときに）。

(5)　at times（時々）。

(2)　**1**　そこではよそ者であるという感覚をあなたに与える

　　　　②　あなたがごく少数の人しかしないような何か独特なことをするのを手助けする

　　　　3　あなたが経験したことがないことをするのを可能にする

　　　　4　他人が手に入れたがっている非常に価値あるものをあなたに持ってくる

▶下線部(A)直後の文で "To make the difference" is 〜と説明を加えており，さらにそのあとの文で That is the idea（それは〜という思想である）と，**簡単に言い換えています。つまり下線部は「あなたが他人とは違って自分自身の道を進みたいと思うなら，人生はより刺激的になる」**のことです。

(3)　**1**　自分の考えが他人の考えよりも良いと思う

　　　　2　自分は今現在，そしてこの先も良い人だと思う

　　　　3　自分の生き方は正しいと思う

　　　　④　自分は目標を達成できると思う

▶ believe in 〜は「（能力，存在）を信じる」なので，「自分自身の能力を信じる」が直訳です。つまり，「自分ならばできると思う」という内容の **4** が正解です。

(4)　下線部直後の made がヒント。下線部は述語動詞 made の主部にあたります。tell 〜 to V（〜に V するように言う）や do something ...（何か…なことをする）などの表現に注意し，受動態の動名詞「being Vpp」で主部を完成させましょう。

(5) **1** 普通の　　　　　　　　**2** 有能な

　　　③ 普通でない　　　　　　　**4** よく知られている

　　▶ even though S V (S は V するけれども) がヒント。even though は逆のイメージの2文をつなぐことができます。「日本で多くの（　D　）人々に出会ってきたけれども，日本に来たことは，**普通であること**の価値を理解するのに役立ったと思う」から，空所には「普通でない」が入ると判断できます。

(6) **1** 本文に「道徳観」に関する記述はありません。

　　② 第2段落最終文に一致します。

　　3 第3段落最終文「よく使われる道の上にいる方が幸福な人々もいる」という記述に矛盾します。

　　4 本文にこのような記述はありません。

　　5 本文にこのような記述はありません。

　　6 第5段落第1文「どちらの道がより良いのかを確かに知ることは決してないだろう」という記述に矛盾します。

　　⑦ 第4段落の内容に一致します。

　　8 本文に「文化的な水準」に関する記述はありません。

Lesson
08

正　解				
(1) (各4点)	(1) 3　(2) 5　(3) 1　(4) 4　(5) 2			
(2) (5点)	2		**(3)** (5点)	4
(4) (5点)	being told to do something special			
(5) (5点)	3		**(6)** (各5点)	2, 7

得点	(1回目) /50点	(2回目)	(3回目)	CHECK YOUR LEVEL	0〜30点 ➡ *Work harder!* 31〜40点 ➡ *OK!* 41〜50点 ➡ *Way to go!*

[ ]=名詞　▢=修飾される名詞　< >=形容詞・同格　( )=副詞
S=主語　V=動詞　O=目的語　C=補語　'=従節

❶ Most American school children are taught [Robert Frost's poem],
S　　　　　　　　　　　　　　　　V　　　　　　O
<"The Road Not Taken."> (In it) the poet presents [a path] <in the woods>
1　　　　　　　　　S　　V　　　O
<which splits (into two different roads)>: [the one] <that is covered (with
V　　　　　　　　　　　　　　　　　　　　　　　　　　V'①
grass) and is the less traveled road>, and [the cleared one] <that many
　　　　　V'②　C'②　　　　　　　　　　　　　　　　　　　　　　　S'
people use>. The less traveled road could lead (to a more interesting and
V'　　　　S　　　　　　　　V
exciting life) and the cleared one could mean an ordinary life.
　　　　　　　　　S　　　　　　V　　　O

❷ I think [[the less traveled road] <in this poem>, {and (especially) [the
S V　　O S'　　　　　　　　　　　　　　　　　　**2**
way] <it's taught (in school)>}, expresses part of the American Dream].
　　　S'' V''　　　　　　　　V'　　　　O'
(As the poem says), [taking the less traveled road] can make all the
　　S'　　V'　　　S　　　　　　　　　　　V　　　O
difference. ["To make the difference"] is [an expression] <that never has
　　　　　　S　　　　　　　　　　　V　　　　**3**　　　V'
a negative meaning (in English)>. That is, [the idea] <that (if you wish [to
O'　　　　　　　　　　　　S　　V　　　　　　　S'　V'　　　S'
be different] and [to follow your own way]), life will be more exciting>. It'
　　　　　　　　　　　　　　　　　　　　　S'　V'　　C'　　　　S
s (fairly) common (for teachers or parents) [to tell children, "(If you believe
V　　　　C　　　　　　　　　　　　　　　　　　　　　　　　S'　V'
in yourself), you can do [anything]: <become a doctor, a famous musician,
O'　　　S'　V'　　O'　　　V'　　C'
or (even) [the President] <of the United States>>."]

----- 構文解説 -----

1 it は前の文中の Robert ～ Taken" を指す。which は a path in the woods を先行詞とす
る主格の関係代名詞。コロン以下は two different roads「2つの違う道」の具体的な説明。
the one と the cleared one の one は road のくり返しを避けるための代名詞で、それぞれ
の後ろに that で始まる関係詞節が続いている。

2 and は the less ～ poem と the way ～ school を結び付けており、the less ～ school が
expresses の主語の働きをしている。the way は「～する方法」という意味で、how で言い
換えられる。

3 the idea that ～は「～という思想」(that は同格節を作る接続詞)。その節中の life (S') +
will be (V') の前に、if ～ way という副詞節が挿入されている。

【和訳】

❶ アメリカの学校に通うほとんどの子供たちは，ロバート・フロストの「選ばなかった道」という詩を教わる。その詩の中で詩人は，その先で2つの違う道に分かれる森の中の小道を描いている。それは，草に覆われて人があまり通らない道と，多くの人々が使う整備された道である。人が通らない方の道は，より興味深く刺激的な人生に通じているかもしれず，整備された道は，平凡な人生を意味するかもしれない。

❷ この詩の中の，人が通らない方の道，特にその学校での教わり方は，アメリカン・ドリームの一部を表していると私は思う。その詩に書かれているように，人が通らない方の道を選べば，すべての点で差が出る。「差が出る」とは，英語では決して否定的な意味を持たない表現である。それは，もしもあなたが他人とは違って自分自身の道を進みたいと思うなら，人生はより刺激的になるだろう，という思想である。教師や親が子供に対して「自分を信じれば何でもできる。例えば医者にも，有名な音楽家にも，合衆国の大統領にだってなれる」と言うのは，かなり一般的なことである。

重要語句リスト

❶

□ most	形	ほとんどの
□ poem	名	詩
□ road	名	道，道路
□ taken	動	～を選ぶ
	take-took-<u>taken</u>	
□ poet	名	詩人
□ present	動	～を表す
□ path	名	小道
□ woods	名	森
□ split into ～	熟	～に分かれる
□ different	形	異なる
□ be covered with ～	熟	～で覆われている
□ grass	名	草
□ traveled	形	人通りの多い
□ clear	動	～をきれいにする，～を取り除く
□ lead to ～	熟	～に通じる
□ exciting	形	刺激的な，わくわくする
□ life	名	人生，生活
□ mean	動	～を意味する
□ ordinary	形	普通の，日常の

❷

□ especially	副	特に
□ the way S V	熟	SがVする方法［様子］
□ express	動	～を表現する
□ part of ～	熟	～の一部
□ the American Dream	名	アメリカン・ドリーム
□ as S V	熟	SがVするように
□ make a difference	熟	差［違い］が出る，重要である
□ expression	名	表現
□ negative	形	否定的な
□ meaning	名	意味
□ that is	熟	すなわち
□ idea that S V	熟	SがVするという考え[思想]
□ wish to V	熟	Vしたいと願う
□ follow one's own way	熟	自分の道を進む
□ fairly	副	かなり
□ common	形	一般的な，普通の
□ parent	名	親
□ believe in ～	熟	～を信じる
□ famous	形	有名な
□ musician	名	音楽家
□ even	副	..... さえ
□ the President	名	大統領

Lesson
08

❸ But is it (always) true? (Of course), the American Dream sounds good **4** and (for some people) it works. But it can be a problem (too). I remember [one friend saying [he hated [being told [he could do anything] (when he was growing up)]]]. He didn't want [to be a doctor or the President] and [being told to do something <special>] made him feel bad (for wanting a more ordinary life). (After all), some people are happier (on the (often) used path). **20**

❹ (In my case), (even though I've met lots of unusual people (in Japan)), **5** I think [[coming (to Japan)] has helped me to understand the value <of being ordinary>]. (For example), a Japanese advertising campaign <for **25** beer> said, [this is the beer <that ordinary people drink>]. And that was enough (to sell it).

❺ (Of course) I'll never know (for sure) [which path is better]. (In coming (to Japan)), I think [I chose the less traveled road]. But (now that I'm **6** here), that ordinary path looks very good (to me) (at times). But (then), **30** life is full (of ironies), isn't it?

---

4 one friend は動名詞（saying）の意味上の主語で, I remember that one friend said ～と言い換えられる。hate being told (that) ～は「～と（いうことを）言われるのを嫌う」。この部分は hate someone telling him (that) ～と言い換えられる。

5 I think (that) に続く節中の主語は coming to Japan。「help + O + (to) do」は「O が～するのに役立つ」の意味。the value of being ordinary は「普通であるということの価値」。

6 that ordinary path「あの普通の道」とは, この文章にくり返し出てくる「整備された道」（第1段落の the cleared one）のイメージを指している。筆者は普通ではない道を選んで日本に来た結果, 普通であることの価値を知った。そのことを life is full of ironies「人生は皮肉に満ちている」と表現している。

❸ しかし，それは常に本当なのだろうか。もちろん，アメリカン・ドリームは素敵な響きがするし，その言葉が効果を持つ人々もいる。しかし，問題もある。私は１人の友人が，成長期に「君は何でもできる」と言われるのが嫌いだったと言ったのを覚えている。彼は医者や大統領になることを望んではおらず，何か特別なことをするよう言われることで，より平凡な人生を望むことは申し訳ないという気分になった。結局のところ，よく使われる道の上にいる方が幸福な人々もいるのである。

❹ 私の場合，日本で多くの普通ではない人々に出会ってきたけれども，日本に来たことは，普通であることの価値を理解するのに役立ったと思う。例えば，日本のビールの広告キャンペーンで，「これが普通の人の飲むビールだ」と言っていた。そしてそれだけ言えば，そのビールを売るには十分だった。

❺ もちろん私は，どちらの道がより良いのかを確かに知ることは決してないだろう。日本に来るときに，私は人の通らない方の道を選んだと思う。けれどここにいる今となっては，あの普通の道が時々とても良いものに私には見える。しかしそれならば，人生とは皮肉に満ちたものではないか。

❸

☐ true	㊒ 本当の
☐ sound C	働 C に聞こえる
☐ work for ～	熟 ～に役立つ
☐ problem	名 問題
☐ remember ～ Ving	熟 ～が V したのを覚えている
☐ hate	働 ～を嫌う
☐ being Vpp	熟 V されること
☐ grow up	熟 成長する
☐ special	㊒ 特別な
☐ make ～ V	働 ～に V させる
☐ feel bad for ～	熟 ～をすまなく感じる
☐ after all	熟 結局

❹

☐ case	名 場合
☐ even though S V	熟 S は V するけれども
☐ unusual	㊒ 普通でない，並外れた
☐ help ～ (to) V	熟 ～が V するのに役立つ
☐ understand	働 ～を理解する
☐ value	名 価値
☐ for example	熟 例えば
☐ advertising	名 広告
☐ campaign	名 キャンペーン，運動
☐ beer	名 ビール
☐ enough	㊒ 十分な
☐ sell	働 ～を売る

❺

☐ of course	熟 もちろん
☐ know ～ for sure	熟 ～を確かに知っている
☐ in Ving	熟 V するときに
☐ chose	働 ～を選ぶ
	choose-<u>chose</u>-chosen
☐ now that S V	熟 今は S は V するので
☐ at times	熟 時々
☐ be full of ～	熟 ～でいっぱいである
☐ ironies	名 皮肉
	→ irony の複数形

Lesson

08

Please teach me, teacher!

Q 長文読解を得意にしたいです。
上達するポイントを教えてください。

A 長文読解力を上げるためには,「話されている内容に興味を持つ」というこ
とが非常に大切です。

もちろん,単語力,熟語力,文法力,構文力を磨くことも大変重要なことです。
しかし,英語を学習するうえでの大きな欠点は,そのような表面的な解釈や形に
こだわりすぎるあまり,「作者が何を伝えようとしているのか」が置き去りになっ
てしまっていることなのです。

皆さんには是非,英文を読むときには,その英文を書いた作者がいるというこ
とを心にとめておいてもらいたいと思います。そして,英文を読むということは,
言語を介したコミュニケーションなのだということを心にとめて学習をしてくだ
さい。

このように興味を持って英文を読み進めることにより,英文から作者の主張を
つかむのが上手になります。また,英文を読み終わったあとも,英文の内容を頭
の中に保持することができるようになります。

よく,受験生の皆さんから,「英文の内容を忘れてしまい,選択肢を判別すると
きに,もう一度問題を読み返さなければならない」という悩みを聞くことがあり
ます。これは英文の表面をなぞることに集中するあまり,作者のメッセージをつ
かむことができていないから起こってしまうことなのです。

そもそも「文を読む」とはどういうことかを肝に銘じて,長文の勉強を進めて
いってください。それが,長文読解の勉強を楽しくする1つのポイントでもあり
ます。

LV3
STAGE-3

Lesson 09
LEVEL-3
問題文
09

単 語 数 ▶ 367 words
制限時間 ▶ 20 分
目標得点 ▶ 40 / 50点

DATE

■次の英文を読み，あとの設問に答えなさい。

I heard news from India the other day. A group of wild elephants appeared in an Indian village. They came out of forests, crossed roads and walked around the fields. Some people were killed by the elephants. Wild elephants are usually afraid of people and they keep themselves away from people. So they （ 1 ）. Why did they come out from their forest? According to the news, they came out （ 2 ） their forest was cut down by men and their food has become less day by day. As you know, an elephant is the biggest animal on earth. It needs a lot of food to eat every day. Tree leaves, nuts, fruits, grass and other foods (A)are decreasing while people cut down forests to make land for fields or houses. The group of elephants appeared in the village to look for food, （ 3 ） they did not want to leave their "home" forest.

The elephants' sleeping hours are short. They sleep for only about four hours a day and spend many hours eating. They move around in groups. Each group is made up of families with an old female elephant as its leader. In the group, (B)elephants are kind to each other and sometimes two elephants support, from both sides, a sick elephant having trouble standing up.

The group of elephants （ 4 ） appeared in the village was led by a female elephant. I think the leader elephant knew how dangerous (C)it was for her group to go into the human village. At last, they returned to the forest after people chased them with fire and guns.

During World War II, the people working at Ueno Zoo were told to kill the wild animals, because it would be dangerous when the animals

25　ran away. At that time, the elephants also died in the zoo. They did not eat the food which had poison in it for killing them. They did not eat anything and so (D)at last they died. Because the elephants died, the zoo workers wanted peace.

What are these stories of elephants telling us? I think they try to tell

30　us how important it is for people to stop wars and save forests.

Lesson
09

設問

(1)　（　1　）に当てはまる最も適切なものを，次の選択肢の中から 1 つ選び
なさい。

1　often come out of their forest

2　usually stay in their forest

3　usually keep themselves away from their forest

4　often come to the village

(2)　（　2　）〜（　4　）に当てはまる最も適切なものを，次の選択肢の中か
ら 1 つずつ選びなさい。

1　if　　　　　　**2**　that　　　　　**3**　though　　　**4**　what

5　however　　　**6**　where　　　　**7**　because

(3)　下線部(A)の意味として最も適切なものを，次の選択肢の中から 1 つ選び
なさい。

1　are growing better　　　　　**2**　are not eaten by

3　become less and less　　　　**4**　become more expensive

(4)　下線部(B)を和訳しなさい。

(5)　下線部(C)が指すものを，具体的に日本語で書きなさい。

(6)　下線部(D)はなぜ起こったと推測できるか。次の選択肢の中から 1 つ選び
なさい。

1　Because of the war, the elephants were not given enough food by
the people of the zoo.

2　Because no one took care of the elephants, they became too weak
and sick to eat.

3　Because the elephants knew or felt there was poison in the food,
they did not eat it.

(7) 本文と一致するものを，次の選択肢の中から 2 つ選びなさい。

1 Wild elephants are usually very friendly and kind to people.

2 All the elephants in the group were killed with guns by people.

3 Each group of elephants has a female leader.

4 In India, elephants' forests are becoming less and less.

5 At the time of World War II, many wild animals ran away from a zoo.

6 The elephants at Ueno Zoo were killed with poison in their food.

Lesson
09

<table>
<tr><th colspan="3">解 答 用 紙</th></tr>
<tr><td>(1)</td><td></td><td></td></tr>
<tr><td>(2)</td><td>(2)　　　　　　(3)</td><td>(4)</td></tr>
<tr><td>(3)</td><td></td><td></td></tr>
<tr><td>(4)</td><td colspan="2"></td></tr>
<tr><td>(5)</td><td colspan="2"></td></tr>
<tr><td>(6)</td><td>(7)</td><td></td></tr>
</table>

解答・解説

(1)   **1** しばしば森から出てくる   **②** 普段は森にとどまっている

        3 普段は森から離れている   **4** しばしば村へやってくる

    ▶空所前の So がヒント。so S V（だから S は V する）は前文を**原因・理由**とし，**so の後ろに結果**をつなぎます。よって，前文の原因，「野生の象は普通，人間を恐れ，人間には近づかない」がもたらす結果を考えれば良いとわかります。

(2)

    （ 2 ） 空所前後の動詞 came out と was cut down に注目すると，空所には2文をつなぐ**接続詞**が入ることがわかります。空所以降には**象が現れた理由**が述べられているので because が入ります。because S V は「S が V するので」の意味です。

    （ 3 ） 空所を挟んだ前後には2つの文があるので**接続詞**が入ります。空所の前では「村に現れた［森を離れた］」，空所の後ろでは「**森を離れたくなかった**」のように話が逆になっているので，逆接の意味を持つ though が入ります。though S V は「S が V するけれども」の意味です。

    （ 4 ） この文にも2つの動詞 appeared と was led があるので，空所には**接続詞の働きをするもの**が入ることがわかります。また，**appeared の主語が抜けている**ことから，**主格の関係代名詞** that が入ります。先行詞は The group of elephants です。

(3)   **1** よく育っている   **2** よって食べられない

      ③ だんだん少なくなっている   **4** より高価になっている

    ▶下線部(A)を含む文は，「人間が田畑や家のための土地を作るために森を切り倒す間に，木の葉，木の実，果物，草やその他のえさが（ A ）」が文意。人間が森を切り倒せば，象のえさは**だんだん少なくなる**と考えられます。

(4)   and で2文が並べられていることに注意してください。1文目の主語は elephants，述語動詞は are，2文目の主語は two elephants，述語動詞は support，having trouble standing up は a sick elephant を修飾する（現在）分詞句です。**have trouble (in) Ving（V するのに苦労する）**は重要表現です。

(5)   it は to go into the human village を指す形式主語なので，その部分を日本語に訳せば正解です。代名詞の it は必ずその文の後ろを見て，形式主語かどうかを確認してください。

(6) **1** 戦争のせいで，象たちは動物園の人々から十分な食べ物を与えられなかった。

2 誰も象たちの世話をしなかったので，彼らはとても弱り，病気になって
食べることができなくなった。

③ 象たちはその食べ物には毒があると知っていたか，または感じとったの
で，それを食べなかった。

▶ **(1)** と同様，下線部直前の so がヒント。前文「彼らは何も食べず」が**死
の原因**であり，**食べなかった理由**は，さらにその前の文に述べられています。

(7) **1** 野生の象たちは普通，人間に対して非常に友好的であり優しい。

→**第 1 段落**第 5 文「野生の象は普通，**人間を恐れ**」という記述に矛盾し
ます。

2 群れの中のすべての象は，人間に銃で殺された。

→**第 3 段落**最終文「火や鉄砲で人間に**追いかけられた**」とはありますが，
「銃で殺された」とは書かれていません。

③ 象のそれぞれの群れにはメスのリーダーがいる。

→**第 2 段落**第 4 文に一致します。

④ インドでは，象の森はだんだん少なくなってきている。

→**第 1 段落**第 8 文に一致します。

5 第 2 次世界大戦のとき，多くの野生動物が動物園から逃げ出した。

→**第 4 段落**第 1 文「逃げ出すと危険だという理由で野生の動物たちを**殺
すように言われた**」という記述に矛盾します。

6 上野動物園の象たちは，食べ物に入れられた毒で殺された。

→**第 4 段落**第 3 ～ 4 文「毒が入ったえさを**食べなかった**。彼らは**何も食
べず**～死んでしまった」という内容に矛盾します。

正　解			
(1) (7点) **2**			
(2) (各4点) **(2) 7**	**(3) 3**		**(4) 2**
(3) (4点) **3**			
(4) (7点) 象たちはお互いを思いやり，時には，立ち上がるのに苦労してい る1頭の病気の象を，2頭の象が両側から支えてやることもある。			
(5) (6点) 彼女の率いる群れが人間の村に入っていくこと。			
(6) (4点) **3**		**(7)** (各5点) **3, 4**	

得点	（1回目） ／50点	（2回目）	（3回目）	CHECK YOUR LEVEL	0～30点 ➡ *Work harder!* 31～40点 ➡ *OK!* 41～50点 ➡ *Way to go!*

Lesson
09

構造確認

[ ]=名詞 ⬜=修飾される名詞 < >=形容詞・同格 ( )=副詞
S=主語 V=動詞 O=目的語 C=補語 ′=従節

❶ I heard [news] <from India> (the other day). A group of wild elephants
appeared (in an Indian village). They came (out of forests), crossed roads and
walked (around the fields). Some people were killed (by the elephants). Wild
elephants are (usually) afraid (of people) and they keep themselves (away)
(from people). (So) they (usually) stay (in their forest). Why did they come
out (from their forest)? (According to the news), **■**they came out (because their
forest was cut down (by men) and their food has become less (day by day)).
(As you know), an elephant is [the biggest animal] <on earth>. It needs [a lot
of food] <to eat (every day)>. Tree leaves, nuts, fruits, grass and other foods
are decreasing (while people cut down forests (to make [land] <for fields or
houses>)). The group of elephants appeared (in the village) (to look for food),
(though they did not want [to leave their "home" forest]).

❷ The elephants' sleeping hours are short. They sleep (for only about four
hours (a day)) and spend many hours eating. They move around (in groups).
Each group is made up of [families] <with an old female elephant as its
leader>. (In the group), elephants are kind (to each other) and (sometimes)
two elephants support, (from both sides), [a sick elephant] <having trouble
standing up>.

構文解説

■ they came out「彼ら[象たち]が出てきた」という文の後ろに，その理由を表す because
節を加えた形。節内は A and B の形で，A と B それぞれが SV を含んでいる。

■ while（接続詞）の前に意味の切れ目がある。while は「〜する間に」の意味。to make 〜は
「〜を作るために」（目的を表す副詞的用法の不定詞）。

■ and は elephants 〜 other と sometimes 〜 up を結び付けている。having 〜 up は前の a
sick elephant を修飾する限定用法の分詞句。have trouble ［difficulty］(in) 〜 ing は「〜
するのに苦労している」という意味を表す。

【和訳】

❶ 私は先日，インドからのニュースを聞いた。野生の象の群れが，インドの村に現れたという。象たちは森から出て来て道路を渡り，田畑を歩き回った。象に殺された人々もいた。野生の象は普通，人間を恐れ，人間には近づかない。だから象たちは，普段は森にとどまっている。彼らはなぜ森から出てきたのだろうか。ニュースによれば，彼らが出てきたのは，森が人間によって切り倒され，えさが日ごとに少なくなってきたからである。あなたも知っているとおり，象は地上で最大の動物である。象は毎日食べるためのたくさんのえさを必要とする。人間が田畑や家のための土地を作るために森を切り倒す間に，木の葉，木の実，果物，草やその他のえさが少なくなりつつある。象の群れは，「住みか」の森を離れたくはなかったけれども，食べ物を探すためにその村に現れたのである。

❷ 象の睡眠時間は短い。象は1日に約4時間しか眠らず，食べることに多くの時間を費やす。象は群れで動き回る。それぞれの群れは，年長のメス象をリーダーとする家族から成っている。群れの中で象たちはお互いを思いやり，時には，立ち上がるのに苦労している1頭の病気の象を，2頭の象が両側から支えてやることもある。

重要語句リスト

❶

news	名	ニュース，知らせ
India	名	インド
the other day	熟	先日
group	名	群れ，集団
wild	形	野生の
elephant	名	象
appear	動	現れる
Indian	形	インドの
village	名	村
come out (of ～)	熟	(～から) 出て来る
forest	名	森
cross	動	～を渡る，～を横切る
road	名	道路
walk around ～	熟	～を歩き回る
field	名	田畑
kill	動	～を殺す
usually	副	普段，普通
be afraid of ～	熟	～を恐れる
keep away from ～	熟	～に近づかない
stay	動	とどまる
according to ～	熟	～によれば
because S V	接	S がVするので
cut down ～	熟	～を切り倒す
become less	熟	少なくなる
day by day	熟	日ごとに
as you know	熟	あなたが知っているとおり
on earth	熟	地 (球) 上で [に]
need	動	～を必要とする
leaves	名	葉
		→ leaf の複数形
nut	名	木の実
grass	名	草
other	形	他の
decrease	動	減少する
while S V	接	S がVする間に
land	名	土地
look for ～	熟	～を探す
though S V	接	S がVするけれども
leave	動	～を出る，～を去る

❷

sleeping hours	名	睡眠時間
a day	熟	1日につき
spend ～ Ving	熟	Vして～を過ごす [費やす]
move around	熟	動き回る
in groups	熟	群れをなして，集団で
each	形	それぞれの
be made up of ～	熟	～からできている
female	形	メスの
as	前	～として
leader	名	リーダー，指導者
be kind to ～	熟	～に親切である
each other	代	お互い
support	動	～を支える
both	形	両方の
side	名	側
trouble	名	苦労，やっかいなこと
stand up	熟	立ち上がる

Lesson
09

❸ **The group of elephants** \<that appeared (in the village)\> was led (by a
female elephant). I think [the leader elephant knew [how dangerous it was   20
(for her group) [to go into the human village]]]. (At last), they returned (to
the forest) (after people chased them (with fire and guns)).

❹ (During World War II), **the people** \<working (at Ueno Zoo)\> were told to
kill the wild animals, (because it would be dangerous (when the animals ran
away)). (At that time), the elephants (also) died (in the zoo). They did not   25
eat **the food** \<which had **poison** (in it) \<for killing them\>\>. They did not
eat anything and so (at last) they died. (Because the elephants died), the zoo
workers wanted peace.

❺ What are **these stories** \<of elephants\> telling us? I think [they try [to tell
us [how important it is (for people) [to stop wars and save forests]]]].   30

---

4 knew の目的語の位置に，how で始まる間接疑問の形が置かれている。もとの疑問文は，
How dangerous was it for her group to go into 〜?「〜へ入ることは彼女 [リーダーの
象] の群れにとってどれほど危険だったか」。it は後ろの不定詞を指す形式主語。

5 They did not eat the food「彼ら [象たち] はえさを食べなかった」の後ろに，which で始
まる関係詞節を加えた形。which の先行詞や，in it の it は the food を指す。for killing
them「彼ら [その象たち] を殺すための」は poison「毒」を修飾している。

6 they tell us O「それら (の話) は私たちに O を伝える」の O の位置に，how で始まる間接
疑問の形が置かれている。もとの疑問文は，How important is it for people to stop 〜?
「〜を止めることが人々にとってどれほど大切か」。it は後ろの不定詞を指す形式主語。

❸ その村に現れた象の群れは，1頭のメス象に従っていた。人間の村へ入って行くことが自分の群れにとってどんなに危険であるかを，リーダーの象は知っていたと思う。結局彼らは，火や鉄砲で人間に追いかけられた末に，森へ帰って行った。

❹ 第2次世界大戦中，上野動物園に勤めていた人々は，動物［上野動物園にいる元野生の動物］たちが逃げ出すと危険だという理由で野生の動物たちを殺すように言われた。当時，象たちもその動物園で死んだ。彼らは殺すための毒が入ったえさを食べなかった。彼らは何も食べず，そのためにとうとう死んでしまった。象たちが死んだために，動物園の職員たちは平和が欲しいと思った。

❺ 象に関するこれらの話は，私たちに何を語っているのだろうか。それらの話は，人間が戦争をやめ，森を守ることがどれほど大切であるかを，私たちに語ろうとしているのだと思う。

❸

led	動 導く
	lead-led-led
how ... S V	副 S がどんなに…V するか
dangerous	形 危険な
it is ... for ～ to V	熟 ～が V するのは…だ
	→形式主語構文
go into ～	熟 ～の中へ入る
human	形 人間の
at last	熟 ついに，最後には
return to ～	熟 ～へ帰る
after S V	接 S が V したあとで
chase	動 ～を追いかける
with	前 ～を使って
gun	名 銃

❹

during	前 ～の間に
World War II	名 第 2 次世界大戦
zoo	名 動物園
be told to V	熟 V するように言われる
run away	熟 逃げ出す
at that time	熟 当時，そのとき
poison	名 毒
peace	名 平和

❺

stories	名 話，物語
	→ story の複数形
try to V	熟 V しようとする
important	形 大切な，重要な
war	名 戦争
save	動 ～を守る，～を保存する

Lesson
09

Lesson 10

LEVEL-3

問題文

単語数 ▶ 377 words
制限時間 ▶ 20 分
目標得点 ▶ 40 / 50点

DATE

■次の英文を読み，あとの設問に答えなさい。

Please imagine this; you wake up and discover one million dollars under your bed! What will you do with this money?

If you are like many people, you may use a lot of the money for yourself. Old research shows that we become more selfish when we have a lot of money. Perhaps you may buy expensive things such （ 1 ） a wider TV set or a new house. But new research shows that buying a house buys （ 2 ） happiness.

The newest studies show that material things often do not keep people happy for a long time. These studies show that people get （ 3 ） happiness from buying experiences rather than from buying material things. Buying experiences—trips, concerts, special meals and so on—are more deeply connected to (A)our sense of self. Also, experiences come with one more benefit: material things, for example, TVs and computers, are usually enjoyed alone. But you can usually enjoy experiences with other people. Social contact is important for our mental and physical health.

So, doing things with other people (B)makes a difference for happiness. Also, research from around the world showed that doing things for other people has an influence on happiness too. Spending a few dollars for other people can give us more happiness than using the money on ourselves. You don't need to be a millionaire to get happiness.

A few years ago, some scientists tried an experiment. They handed out some gift cards of a famous coffee shop to three groups of people. (C)(to go / the first group / they / to the coffee shop / told) and buy

25 something for themselves. They said to the second group, "Please pass the gift cards to someone else." The third group of people was asked to use the gift cards to drink a cup of coffee with someone else. (　4　) the end, which was the happiest group? The (　5　) group was. This group shared the experience of drinking coffee with another person. So,

30 (D)the cost of increasing your happiness may be as cheap as two cups of coffee!

In conclusion, if you buy experiences and share them with others, you will become happier. You don't need to look (　6　) one million dollars under your bed. Why don't you try to (E)change your way of

35 spending money?

Lesson
10

設問

（1） （ 1 ），（ 4 ），（ 6 ）に当てはまる最も適切な前置詞を，次の選択肢の中から1つずつ選びなさい。ただし，文頭にくる語も小文字で示してある。

1 in   **2** for   **3** to   **4** as

（2） （ 2 ），（ 3 ）に当てはまる最も適切な語の組み合わせを，次の選択肢の中から1つ選びなさい。

1 （ 2 ） more   （ 3 ） little
2 （ 2 ） more   （ 3 ） more
3 （ 2 ） little   （ 3 ） more
4 （ 2 ） little   （ 3 ） little

（3） 下線部(A)，(B)の意味に最も近いものを，それぞれの選択肢の中から1つ選びなさい。

(A) **1** understanding ourselves
    2 knowing our name
    3 finding our goal

(B) **1** is very different
    2 is important
    3 is very difficult

（4） 下線部(C)を正しく並べ替えなさい。ただし，文頭にくる語も小文字で示してある。

（5） （ 5 ）に当てはまる最も適切な英語1語を，本文中から抜き出して書きなさい。

（6） 下線部(D)を和訳しなさい。

（7） 下線部(E)が指すものを，具体的に日本語で説明しなさい。

(8) 本文の内容と一致するものを，次の選択肢の中から２つ選びなさい。

1 If people suddenly find a lot of money, they usually use a lot of it for others.

2 The newest studies tell us that people are not happy when they buy material things.

3 One good point of buying experiences is that the experiences can be enjoyed with other people.

4 The scientists gave some gifts to all the visitors in the famous coffee shop.

5 The third group in the experiment asked someone else to pass the gift to others.

6 Sharing experiences with others makes you happier than buying something.

解　答　用　紙			
(1)	(1)	(4)	(6)
(2)			
(3)	(A)	(B)	
(4)			
(5)			
(6)			
(7)			
(8)			

Lesson 10
解答・解説

(1)

   （ 1 ）　重要表現 such as ～（～のような）。例を示す際に使われる表現です。

   （ 4 ）　重要表現 in the end（**結局は**）。

   （ 6 ）　重要表現 look for ～（**～を探す**）。

(2)

   （ 2 ）　空所の含む文の先頭に But があることから，直前の文に反する内容であることがわかります。直前の文「新しい家のような高価な物を買うかもしれない」より，little を入れると「家を買うことでは**ほとんど幸せは手に入らない**」となります。little ＋**不可算名詞**（ほとんど～ない）は重要表現です。

   （ 3 ）　直前の文「物質的な物が人々を長い間幸せにしておくことはあまりない」に続く文なので，「人々は物質的な物を買うよりもむしろ経験を買うことでより多くの幸せを得る」とするのが自然。よって more が入ります。

(3)　(A)①　私たち自身を理解すること

      2　私たちの名前を知っていること

      3　私たちの目標を見つけること

     ▶ self には「自己，自分自身」という意味があります。our sense of self「私たちの自意識」に最も意味が近いのは，**1** understanding ourselves と考えられます。

   (B) **1**　非常に異なっている

      ②　重要である

      3　非常に難しい

     ▶ make a difference には「重要である」という意味があります。したがって **2** is important が正解です。

(4)　動詞 tell の過去形 told と to がヒントです。tell O to V で「O に V するよう言う」なので，O に the first group を，to の後に go to the coffee shop を入れることで，文を完成させます。

（ 5 ）　　第5段落では，コーヒーショップのギフト券を使った，幸せに関する
実験について書かれています。空所は直前の文「どのグループが最も幸
せだったのだろうか」に答える形になっています。よって，それまでに
説明のあった3つのグループの中で最も幸せだったと考えられるグルー
プが入ります。次に，直後の文「このグループはコーヒーを飲むという
経験を別の人と共有した」より，唯一コーヒーをほかの人と一緒に飲む
ように指示された3番目のグループが答えだとわかります。よって third
が正解です。

（ 6 ）　重要表現である推量の may（かもしれない）と as ... as 〜（〜と同じく
らい…）がポイントです。

（ 7 ）　下線部は「お金を使う方法を変える」という意味なので，お金を使う方
法をどのように変えるのかを説明します。本文では全体を通じてお金の
使い方，特に「物質的な物を買うこと」と「経験を買うこと」によって得
られる幸せについて書かれており，結論として経験を買う方が物質的な
物を買うよりも幸せを得ることができると述べられています。よってこ
れらをまとめて説明します。

Lesson
10

（ 8 ）　**1**　もし誰かが突然たくさんのお金を見つけたら，普通はほかの人のため
にその多くを使う。
→**第2段落**第1文「あなたが多くの人のようであれば，自分のために
たくさんのお金を使うかもしれない」から，自分のためにお金を使う
ことが普通だとわかります。
　2　最新の研究は私たちに，物質的な物を買うときに人々は幸せではな
いと教えてくれる。
→**第3段落**第1文「最新の研究は，物質的な物が人々を長い間幸せ
にしておくことはあまりないと示している」とありますが，物質的な
物を買うときに人々が幸せかどうかについては書いてありません。
　③　経験を買うことの良い点の一つは，経験はほかの人と楽しむことが
できるということだ。
→**第3段落**第5文に一致します。

4 科学者たちは，有名なコーヒーショップにいた全員にプレゼントをあ
げた。

→**第5段落**第2文に「有名なコーヒーショップのギフト券を3つの
グループの人々に配った」とありますが，コーヒーショップにいた人
たちに配ったという記述はありません。

5 実験の3番目のグループは，別の誰かにプレゼントをほかの人にあげ
るように頼んだ。

→**第5段落**第5文「3番目のグループの人々はほかの誰かと一緒に1
杯のコーヒーを飲むためにギフト券を使うように頼まれた」に矛盾し
ます。

⑥ ほかの人と経験を共有することは，何かを買うよりもあなたを幸せに
する。

→**第6段落**第1文に一致します。

正　解			
(1) (各2点)	(1)　**4**	(4)　**1**	(6)　**2**
(2) (5点)	**3**		
(3) (各2点)	(A)　**1**	(B)　**2**	
(4) (7点)	They told the first group to go to the coffee shop		
(5) (5点)	third		
(6) (7点)	幸せを増やすための対価は2杯のコーヒーと同じくらい安価かもしれない。		
(7) (8点)	お金を使う方法を（テレビやコンピューターのような）物質的な物を買うことから，（旅行，コンサート，特別な食事などの）経験を買ってほかの人と共有することに変えること。		
(8) (各4点)	**3, 6**		

得点	（1回目）　　／50点	（2回目）	（3回目）	CHECK YOUR LEVEL	0〜30点 ➡ *Work harder!* 31〜40点 ➡ *OK!* 41〜50点 ➡ *Way to go!*

Lesson 10
構造確認

[ ]＝名詞　▭＝修飾される名詞　＜　＞＝形容詞・同格　（　）＝副詞
S＝主語　V＝動詞　O＝目的語　C＝補語　′＝従節

❶ Please imagine this; you wake up and discover one million dollars (under your bed)! What will you do (with this money)?

❷ (If you are (like many people)), you may use a lot of the money (for yourself). Old research shows [that we become more selfish (when we have a lot of money)]. (Perhaps) you may buy expensive things <such as a wider TV set or a new house>. But new research shows [that [buying a house] buys little happiness].

❸ The newest studies show [that material things (often) do not keep people happy (for a long time)]. These studies show [that people get more happiness (from [buying experiences]) (rather than from [buying material things])]. [Buying experiences]—<trips, concerts, special meals and so on>—are more deeply connected (to our sense of self). (Also), experiences come (with one more benefit): material things, <(for example), TVs and computers>, are (usually) enjoyed (alone). But you can (usually) enjoy experiences (with other people). Social contact is important (for our mental and physical health).

─────────────────── 構文解説 ───────────────────

■ 文全体は Old research shows that ～ .「古い調査は～ということを示している」の構造。more selfish (比較級) は「大金を持っているときの方が (そうでないときに比べて) より利己的になる」ということ。

■ that 節中は, people get more happiness from A rather than from B.「人々は B〔から〕よりもむしろ A からより多くの幸福を得る」という形。

【和訳】

❶ 目が覚めて，ベッドの下に 100 万ドルを発見すると想像してみてほしい。あなたはそのお金で何をするだろうか？

❷ あなたが多くの人のようであれば，自分のためにたくさんのお金を使うかもしれない。古い研究は，私たちはたくさんのお金を持つと，より自己中心的になると示している。もしかすると，あなたはより大きなテレビや新しい家のような高価な物を買うかもしれない。しかし新しい研究は，家を買うことではほとんど幸せは手に入らないと示している。

❸ 最新の研究は，物質的な物が人々を長い間幸せにしておくことはあまりないと示している。これらの研究は，人々は物質的な物を買うよりもむしろ経験を買うことでより多くの幸せを得ると示している。旅行，コンサート，特別な食事などの経験を買うことは，私たちの自意識とより深くつながっている。また，経験はもう一つの利益を伴う。物質的な物，例えば，テレビやコンピューターは普通，一人で楽しむものだ。しかし，経験は普通，ほかの人と楽しむことができる。社会的な付き合いは，私たちの精神的，肉体的な健康にとって重要である。

重要語句リスト

❶

☐ imagine	動	～を想像する
☐ wake up	熟	目を覚ます
☐ discover	動	～を発見する
☐ million	形	100 万の
☐ dollar	名	ドル

❷

☐ like	前	～のような［のように］
☐ a lot of ～	熟	たくさんの～
☐ for oneself	熟	自分のために
☐ research	名	研究
☐ show that S V	熟	S が V すると示す
☐ selfish	形	自己中心的な
☐ perhaps	副	もしかすると
☐ such as ～	熟	～のような
☐ wider	形	幅の広い
		wide-wider-widest
☐ little	形	ほとんど～ない
☐ happiness	名	幸せ

❸

☐ study	名	研究
☐ material	形	物質的な
☐ keep O C	動	O を C にしておく
☐ for a long time	熟	長い間
☐ more	形	多い
		much-more-most
☐ experience	名	経験
☐ rather than ～	熟	～よりむしろ
☐ trip	名	旅行
☐ special	形	特別な
☐ meal	名	食事
☐ and so on	熟	など
☐ deeply	副	深く，非常に
☐ be connected to ～	熟	～と繋がっている
☐ sense of self	熟	自意識
☐ come with ～	熟	～を伴う
☐ one more ～	熟	もう一つ～
☐ benefit	名	利益
☐ other	形	ほかの
☐ social	形	社会的な
☐ contact	名	付き合い
☐ mental	形	精神的な
☐ physical	形	肉体的な
☐ health	名	健康

Lesson

10

❹ So, [doing things (with other people)] makes a difference <for happiness>.
(Also), research <from around the world> showed [that [doing things (for
other people)] has an influence <on happiness> (too)]. [Spending a few dollars
(for other people)] can give us more happiness (than [using the money (on
ourselves)]). You don't need to be a millionaire (to get happiness).   20

❺ (A few years ago), some scientists tried an experiment. They handed out
some gift cards <of a famous coffee shop> (to three groups <of people>).
They told the first group to go to the coffee shop and buy something (for
themselves). They said (to the second group), "Please pass the gift cards (to
someone else)." The third group <of people> was asked to use the gift cards   25
(to drink a cup of coffee (with someone else)). (In the end), which was the
happiest group? The third group was. This group shared the experience <of
drinking coffee (with another person)>. So, the cost <of [increasing your
happiness]> may be (as) cheap (as two cups of coffee)!

❻ (In conclusion), (if you buy experiences and share them (with others)), you   30
will become happier. You don't need to look for one million dollars (under your
bed). Why don't you try [to change your way <of [spending money]>]?

3 文全体は S showed that ～. 「S は～ということを示した」という構造。that 節中は S has
an influence on ～「S は～に影響を与える」の構造で，doing は動名詞。

4 文全体は A may be as cheap as B.「A は B と同じくらい安いかもしれない」という構造。
A は the cost of ～「～の費用」の of の後ろに動名詞で始まる句が置かれている。

5 if 節は if you A and B「もしあなたが A と B をすれば」の形。become happier は「物を買
うよりも経験を買う方が幸福になる」という意味。

❹ つまり，ほかの人と何かをするということが幸せにとって重要なのだ。また，世界中からの研究で，ほかの人のために何かをしてあげることも幸せに対して影響するということが示された。ほかの人のために2，3ドルを使うことは，自分自身にそのお金を使うよりも，より多くの幸せを私たちに与えてくれる。幸せを得るためには，お金持ちになる必要はない。

❺ 数年前，何人かの科学者たちが実験を試みた。彼らは有名なコーヒーショップのギフト券を3つのグループの人々に配った。最初のグループにはコーヒーショップに行って，自分のために何かを買うように言った。2番目のグループには「ほかの誰かにそのギフトカードを渡してください」と言った。3番目のグループの人々はほかの誰かと一緒に1杯のコーヒーを飲むためにギフト券を使うように頼まれた。結局は，どのグループが最も幸せだったのだろうか？ それは，3番目のグループだった。このグループはコーヒーを飲むという経験を別の人と共有した。つまり，幸せを増やすための対価は2杯のコーヒーと同じくらい安価かもしれない。

❻ 最後に，あなたは経験を買ってほかの人と共有すれば，より幸せになれるだろう。ベッドの下の100万ドルを探す必要はない。あなたもお金を使う方法を変えてみてはどうだろうか？

❹
- [ ] make a difference 熟 重要である，差[違い]が出る
- [ ] from around the world 熟 世界中から
- [ ] influence on ~ 熟 ~に対する影響
- [ ] spend 動 ~を使う
- [ ] a few ~ 熟 2，3の~
- [ ] give A B 動 AにBを与える
- [ ] millionaire 名 お金持ち

❺
- [ ] ~ ago 副 ~前に
- [ ] scientist 名 科学者
- [ ] try 動 ~を試みる
- [ ] experiment 名 実験
- [ ] hand out 熟 配る
- [ ] gift card 名 ギフト券
- [ ] coffee shop 名 コーヒーショップ
- [ ] (a) group of ~ 熟 ~のグループ
- [ ] told 動 ~を伝える
  tell-told-told
- [ ] first 形 最初の
- [ ] tell O to V 熟 OにVするように言う
- [ ] something 代 何か
- [ ] say 動 ~を言う
- [ ] second 形 2番目の
- [ ] pass A to B 熟 AをBに渡す
- [ ] someone else 熟 ほかの誰か
- [ ] third 形 3番目の
- [ ] ask O to V 熟 OにVするよう頼む
- [ ] a cup of ~ 熟 1杯の~
- [ ] in the end 熟 結局は
- [ ] share A with B 熟 AをBと共有する
- [ ] another 形 別の，もう1つ[1人]の
- [ ] cost 名 対価
- [ ] increase 動 ~を増やす
- [ ] cheap 形 安価な
- [ ] as ... as ~ 熟 ~と同じだけ…

❻
- [ ] in conclusion 熟 最後に
- [ ] others 代 ほかの人[もの]たち
- [ ] look for ~ 熟 ~を探す
- [ ] Why don't you V? 熟 Vしてみてはどうだろうか？
- [ ] try to V 熟 Vしようとする
- [ ] change 動 ~を変える
- [ ] way of Ving 熟 Vする方法

Lesson
10

END　115

Lesson 11
問題文

LEVEL-3

単 語 数 ▶ 378 words
制限時間 ▶ 20 分
目標得点 ▶ 40 ／50点

DATE

■次の英文を読み，あとの設問に答えなさい。

Once （ 1 ） a time a doctor lived in the village of Puddleby and his name was John Dolittle.　All the people in the town knew him.　"That's the doctor!" they said.　"He's a good man."

The doctor lived in a small house with a very large garden.　His sister, Sara Dolittle, looked （ 2 ） the house and the doctor looked （ 2 ） the big garden.

He liked animals and he kept a lot of them.　He had goldfish in his bath, cats in his kitchen and lizards* in his clothes cupboard.　He had a cow too, and an old, tired horse — it was twenty-five — and chickens and goats and many other animals.

One day an old woman came to the doctor's house.

She sat down on a chair — and on a hen too — in his waiting room. She never came back to see Doctor Dolittle again.　She drove ten miles every Saturday to see another doctor.

Then his sister, Sara, got angry and said to him, "Good doctors don't have hens and pigs in their waiting-rooms.　People don't like it and sick people aren't going to come here any more.　We're getting very poor."

"But I like animals," said the doctor.　"I don't like people so much."

"You are silly*," said his sister, and walked out （ 3 ） the room.

Time went on and the doctor got more and more animals, and they all wanted to live in his house.　But very few people came to him.　The last one was the Cat Man.　He loved animals, and he kept lots of cats. But he was poor.　He was only sick once a year at Christmas time and he only paid the doctor sixpence for that.　(　4　).

25　　He got more and more animals and their food cost more and more. He sold his piano and then he sold his brown coat.　But he did not have enough money.

Now people in the town said, "That's Doctor Dolittle.　He was a very good doctor, but look at him now!　(　5　) and his socks are full of
30　holes!"

But the dogs and the cats and the children always ran to him and walked through the town with him.

Lesson
11

*　lizard（トカゲ）　silly（ばかな）

設問

（1）　（　1　）～（　3　）に当てはまる最も適切な前置詞を，次の選択肢の中
　　　から1つずつ選びなさい。

　　　　1 for　　　　　**2** in　　　　　**3** after

　　　　4 of　　　　　**5** upon　　　　**6** before

（2）　（　4　），（　5　）に当てはまる最も適切なものを，それぞれの選択肢の
　　　中から1つ選びなさい。

　　（　4　）

　　　　1 The Cat Man has to live on sixpence a year

　　　　2 Anyone can live on sixpence a year

　　　　3 No one can live on sixpence a year

　　　　4 Santa Claus has to live on sixpence a year

　　（　5　）

　　　　1 He has a lot of money

　　　　2 He has a lot of pianos

　　　　3 He doesn't have any money

　　　　4 He doesn't have so many animals

（**3**）　本文の内容と一致するものを，次の選択肢の中から2つ選びなさい。

1　ドリトル先生は広い庭のある大きな家に住んでいた。

2　ドリトル先生の飼う動物が増えるにつれて，訪れる患者も増えていった。

3　ドリトル先生は動物のえさ代のためにピアノや洋服を売った。

4　ドリトル先生の診察を受けにきた老婦人は，待合室にいる動物にびっくりして二度と来なくなった。

5　ドリトル先生の妹は，先生が動物を飼うことに理解があった。

6　ドリトル先生は子どもたちに人気があり，大人たちにもずっと尊敬されていた。

（**4**）　本文中の下線部を和訳しなさい。

Lesson
11

解　答　用　紙		
(1)	（1）　　　　　（2）　　　　　（3）		
(2)	（4）　　　　　　　　（5）		
(3)			
(4)			

119

解答・解説

(1)

  (1)   once upon a time（昔々）は童話などの最初に使う決まり文句です。

  (2)   look after ～（～の世話をする）。

  (3)   out of ～（～から外へ）。

(2)

  (4)

   1 キャットマンは 6 ペンスで 1 年暮らさなければならない

   2 誰でも 6 ペンスで 1 年暮らすことができる

   ③ 6 ペンスで 1 年暮らせる人は誰もいない

   4 サンタ・クロースは 6 ペンスで 1 年暮らさなければならない

  ▶**第 9 段落**の内容より，6 ペンスを支払ったのは，年に一度，クリスマスのときだけ病気になったキャットマンとわかります。また，次の段落では，ドリトル先生がお金を作るためにピアノやコートを売っていると述べていることから，**3** が入るとわかります。なお，ペンスとはイギリスの通貨単位で，ペニー（penny）の複数形です。1971 年以前は 1 ペニーが 1 ポンドの 240 分の 1，現在では 1 ポンドの 100 分の 1 にあたります。

  (5)

   1 彼は大金を持っている

   2 彼はピアノをたくさん持っている

   ③ 彼は全くお金を持っていない

   4 彼はそんなにたくさんの動物を飼っていない

  ▶空所直後の and がヒント。and は**同じ品詞やイメージを並べる**ことができるので，and 直後の「靴下は穴だらけだ」と同じマイナスイメージの**3** が入ります。

（**3**） **1** 第2段落第1文「とても広い庭のある**小さな家に住んでいた**」という
記述に矛盾します。

2 第9段落第1～2文「先生はますます多くの動物を飼い，〜彼のと
ころに来る人はほとんどいなかった」という記述に矛盾します。

③ 第10段落第1～2文に一致します。

④ 第5段落第2文に一致します。

5 第6段落の妹の発言から，理解がなかったことがわかります。

6 第11段落に「彼はとても良い医者だった」と**過去形**で述べられてお
り，そのあとの発言からも，大人たちにはあまり尊敬されていないこ
とが読み取れます。

（**4**）　　 比較級 and 比較級 （ますます 比較級 ）は重要表現ですので，しっか
り覚えておきましょう。their food の前の and は，「He got more and
more animals」と「their food cost more and more」の2文を並べてい
ます。また，代名詞は，「すぐ前の文に出た名詞を指す」「話題の中心と
なっている名詞を指す」という働きが基本です。したがって，文頭にあ
る He は，話題の中心である「ドリトル先生」を指しているという点にも
注意しましょう。

Lesson
11

　　この代名詞の考え方は，他の問題を解くときにも当てはまります。代
名詞がある場合は，**その代名詞が何を指すのかを考える習慣をつけまし
ょう。**

正　解			
（**1**）(各6点)	（ 1 ） **5**	（ 2 ） **3**	（ 3 ） **4**
（**2**）(各6点)	（ 4 ） **3**	（ 5 ） **3**	
（**3**）(各6点)	**3, 4**		
（**4**）(8点)	彼はますます多くの動物を飼い，えさ代もさらに増えていった。		

得点	（1回目） /50点	（2回目）	（3回目）	CHECK YOUR LEVEL	0～30点 ➡ *Work harder!* 31～40点 ➡ *OK!* 41～50点 ➡ *Way to go!*

Lesson 11
構造確認

[ ]=名詞　☐=修飾される名詞　< >=形容詞・同格　( )=副詞
S=主語　V=動詞　O=目的語　C=補語　'=従節

❶ (Once upon a time) a doctor lived (in ☐the village☐ <of Puddleby>) and his
name was John Dolittle. ☐All the people☐ <in the town> knew him. "That's the
doctor!" they said. "He's a good man."

❷ The doctor lived (in ☐a small house☐ <with a very large garden>). ☐His
sister☐, <Sara Dolittle>, looked after the house and the doctor looked after the
big garden.

❸ He liked animals and he kept a lot of them. He had goldfish (in his bath),
cats (in his kitchen) and lizards (in his clothes cupboard). He had a cow (too),
and ☐an old, tired horse☐ — <it was twenty-five> — and chickens and goats and
many other animals.

❹ (One day) an old woman came (to the doctor's house).

❺ She sat down (on a chair) — and (on a hen) (too) — (in his waiting room).
She never came (back) (to see Doctor Dolittle) (again). She drove (ten miles)
(every Saturday) (to see another doctor).

❻ (Then) ☐his sister☐, <Sara>, got angry and said (to him), "Good doctors don't
have hens and pigs (in their waiting-rooms). People don't like it and sick people
aren't going to come (here) (any more). We're getting very poor."

································· 構文解説 ·································

1 with 〜 garden「とても広い庭を持った」が a small house を修飾している。

2 it was twenty-five は，直前の an old, tired horse に説明を加えている。文全体は He had
A too, and B, and C and D and E. の構造。通常は A, B, C, and E となるが，本文は子
ども向けの読み物のため，あえてこのような形を使ったと考えられる。

3 and on a hen too とは，and (she sat down) on a hen too ということ。その年配の女性
はめんどりが待合室のいすに乗っていたのに気づかずに腰をおろした，という意味。

4 his sister と Sara は同格の関係で，「妹のサラ」の意味。and は got angry と said to him
を結び付けている。

【和訳】

❶ 昔々，パドルビーという村に１人の医者が住んでおり，名前をジョン・ドリトルといった。町中の人々が彼を知っていた。「あれが先生だ。彼は良い人だ」と彼らは言った。

❷ 先生は，とても広い庭のある小さな家に住んでいた。妹のサラ・ドリトルが家の仕事をして，先生はその大きな庭の世話をしていた。

❸ 彼は動物好きで，たくさんの動物を飼っていた。お風呂では金魚を飼い，台所ではネコを飼い，衣装棚ではトカゲを飼っていた。彼は牛も飼い，年を取ってよれよれの馬——25歳だった——や，ニワトリやヤギやその他多くの動物たちも飼っていた。

❹ ある日，年配の婦人が先生の家に来た。

❺ 彼女は待合室のいすの上に——そしてめんどりの上にも——腰をおろした。彼女は再びドリトル先生に診てもらうために戻って来ることは二度となかった。彼女はほかの医者に診てもらうため，毎週土曜日，10マイルも車を運転した。

❻ そこで妹のサラは，怒って彼にこう言った。「良い医者は，待合室でめんどりや豚を飼わないものよ。みんなが嫌がるし，病気の人はもうここへ来なくなるわ。私たちはとても貧乏になっているのよ」

重要語句リスト

❶
□ once upon a time	熟	昔々
□ village	名	村

❷
□ with	前	～を持っている
□ garden	名	庭
□ look after ～	熟	～の世話をする

❸
□ kept	動	（動物）を飼う
		keep-kept-kept
□ goldfish	名	金魚
□ bath	名	風呂（場）
□ kitchen	名	台所
□ lizard	名	トカゲ
□ clothes	名	衣服
□ cupboard	名	戸棚
□ cow	名	（雌）牛
□ horse	名	馬
□ chicken	名	ニワトリ
□ goat	名	ヤギ
□ other	形	ほかの

❹
□ one day	熟	ある日

❺
□ sit down	熟	座る
□ chair	名	いす
□ hen	名	めんどり
□ waiting room	名	待合室
□ drove	動	～を運転する
		drive-drove-driven
□ mile	名	マイル
□ another	形	別の，もう１つ［１人］の

❻
□ get angry	熟	怒る
□ pig	名	豚
□ not ..... any more	熟	もう［もはや］..... ない
□ get C	動	Cになる

Lesson
11

❼ "But I like animals," said the doctor. "I don't like people (so much)."

❽ "You are silly," said his sister, and walked (out of the room).

❾ Time went on and the doctor got more and more animals, and they (all) wanted [to live (in his house)]. But very few people came (to him). The last one was the Cat Man. He loved animals, and he kept lots of cats. But he was poor. He was (only) sick (once a year) (at Christmas time) and he (only) paid the doctor sixpence (for that). No one can live (on sixpence a year).

❿ He got more and more animals and their food cost more and more. He sold his piano and (then) he sold his brown coat. But he did not have enough money.

⓫ Now people <in the town> said, "That's Doctor Dolittle. He was a very good doctor, but look at him (now)! He doesn't have any money and his socks are full (of holes)!"

⓬ But the dogs and the cats and the children (always) ran (to him) and walked (through the town) (with him).

---

5 1つ目の only は once a year を修飾している。書き言葉では only は被修飾語の直前に置いて，He was sick only once a year … とするのが原則だが，話し言葉では only を前に出すこともよくある。同様に2つ目の only は sixpence を修飾している。at Christmas time は once a year を詳しく説明している。

6 and は前後の2つの文を結び付けている。「not + any」は「少しも～ない」という意味で，He had no money and ～ と言い換えられる。

7 the dogs ～ children が主語。動詞は ran (to him) と walked (through …) の2つが and で結び付けられている。

❼「でも私は動物が好きなんだ。人間はあまり好きじゃない」と先生は言った。

❽「あなたはばかだわ」と妹は言い，部屋を出て行った。

❾ 時が過ぎ，先生はますます多くの動物を飼い，それらは皆，家の中に住みたがった。しかし，彼のところに来る人はほとんどいなかった。最後に来た人は，キャットマンだった。彼は動物を愛し，たくさんのネコを飼っていた。しかし彼は貧しかった。彼は年に一度，クリスマスのときだけ病気になり，先生にお礼として6ペンスを支払うだけだった。6ペンスで1年暮らせる人は誰もいない。

❿ 彼はますます多くの動物を飼い，えさ代もさらに増えていった。彼は自分のピアノを売り，それから自分の茶色のコートを売った。しかし，十分なお金は持てなかった。

⓫ 今や町の人々は「あれがドリトル先生だ。彼はとても良い医者だったが，今の彼を見てごらん。彼は全くお金を持っていなくて，靴下は穴だらけだ」と言った。

⓬ しかし，犬やネコや子供たちは，いつでも彼のところへ走ってきて，彼と一緒に町中を歩くのだった。

---

❽

☐ silly　　　　　圈 ばかな，愚かな
☐ walk out of ~　熟 歩いて~から出て行く

❾

☐ go on　　　　熟 過ぎる
☐ very few ~　　熟 ほとんどの~は ..... ない
☐ once a year　熟 年に一度
☐ pay A B　　　動 A に B を支払う
☐ sixpence　　　名 6ペンス（硬貨）
☐ live on ~　　　熟 ~で暮らしていく

❿

☐ cost　　　　　動 （金額）がかかる
☐ brown　　　　圈 茶色の
☐ coat　　　　　名 コート
☐ enough　　　　圈 十分な

⓫

☐ socks　　　　名 靴下
☐ be full of ~　熟 ~でいっぱいである
☐ hole　　　　　名 穴

⓬

☐ through　　　前 ~を通って

Lesson

11

END　　125

Lesson 12
問題文
LEVEL-3

単 語 数 ▶ 440 words
制限時間 ▶ 20 分
目標得点 ▶ 40 ／50点

DATE

■次の英文を読み，あとの設問に答えなさい。

"What can you do with bamboo?" That's not a good question. A better question is, "What can't you do with bamboo?" Bamboo is well known (1) us. There are 350 different kinds of bamboo. Almost all of them grow in Asia. A few, though, are found in America.

Bamboo comes in handy for all kinds of things. It can be cut up and (A)eat. It can be used to make baskets or paper. Some people make mats, chair seats, curtains, and chopsticks (2) it.

Bamboo is most (B)amaze, though, when it is used for building houses. It is much stronger than wood, concrete, or steel. If you don't believe (C)that, think about the story in Costa Rica.

In April 1991, there was a big earthquake in Costa Rica. One area was (D)hit hard. Houses and hotels broke down like piles of matchsticks. There were mountains of concrete (E)lie everywhere. Twenty homes stood in the center of the broken stones. They were made (3) bamboo. Not even one was broken and people were surprised (4) the scene.

It's hard to understand why bamboo is very strong. Actually, the reason is its shape. Cut the bamboo, and you can find that it is a tube. A tube is a very strong shape, so the column will not bend.

(5); it's also cheap. The houses of Costa Rica were built (6) about $4,500 each. That is because bamboo itself is very cheap. For one thing, it grows fast. Some bamboo can grow up to almost one meter in a day! So, bamboo can be cut down and used after only one year.

Using bamboo is also simple. (F)This is because bamboo is light enough to be carried by workers. So, they don't need any machines or heavy trucks.

(7), bamboo has some bad points. It (G)burn easily and quickly. The danger of fire means that bamboo should not be used for big buildings. Water is also bad news because wet* bamboo becomes weaker. Bamboo houses cannot be built in areas with heavy rain. (H)A final problem is how to put bamboo together. In the past, people tied* it together with rope or wire. Today, builders have a new way. They stick* pieces of wood to the ends of bamboo poles*. Then, they nail* the pieces of wood together.

Now, engineers are continuing to study bamboo and how to use it. They have learned it is very strong and very kind to our earth. It is true that (8). But in the right place, for the right use, using bamboo to make something is very smart.

Lesson
12

---

*　chopsticks（箸）　　concrete（コンクリート）　　steel（鉄）
piles of matchsticks（マッチ棒の山）　　tube（管〔筒状のもの〕）
column（柱）　　bend（曲がる）　　wet（湿った）　　tie（～を縛る）
stick（～を固定する，～をくっつける）　　pole（竿，棒，柱）
nail（～を釘付けする）

設問

(1) （ 1 ），（ 2 ），（ 3 ），（ 4 ），（ 6 ）に当てはまる最も適切なものを，次の選択肢の中から1つずつ選びなさい。ただし，同じ語を2度用いてはならない。

1 of   **2** for   **3** to
4 at   **5** with

(2) 下線部(A)，(B)，(D)，(E)，(G)の語を，必要があれば適切な形に直しなさい。

(3) 下線部(C)が指すものを，具体的に日本語で説明しなさい。

(4) （ 5 ），（ 8 ）に当てはまる最も適切なものを，次の選択肢の中から1つずつ選びなさい。ただし，文頭にくる語も小文字で示してある。

1 bamboo cannot be used everywhere
2 bamboo is green when it is cut
3 bamboo is not only strong

(5) 下線部(F)を下の英文に書き換えた場合，（   ）内に入る語を答えなさい。
This is because bamboo is （ **a** ） light （ **b** ） it can be carried by workers.

(6) （ 7 ）に当てはまる最も適切なものを，次の選択肢の中から1つ選びなさい。

1 So   **2** Because
3 However   **4** For example

(7) 下線部(H)について，現在では bamboo はどのように固定されるか，その様子を最もよく表している図を，次の選択肢の中から1つ選びなさい。

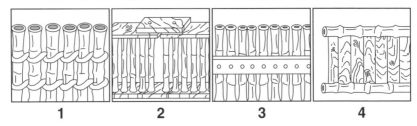

1   2   3   4

（**8**）　本文の内容と一致するものを，次の選択肢の中から２つ選びなさい。

1　There are many different kinds of bamboo, but they can be found only in Asia.

2　Bamboo is very strong because it has the shape of a tube.

3　About 20 houses fell down in the center of the big earthquake in Costa Rica.

4　Bamboo should be used in areas with a lot of rain because it gets stronger in water.

5　Bamboo can be very helpful when it is used in the right situations.

解　答　用　紙				
（**1**）	（ 1 ）　　（ 2 ）　　（ 3 ）　　（ 4 ）　　（ 6 ）			
（**2**）	(A)　　　　　　(B)　　　　　　(D)			
	(E)　　　　　　(G)			
（**3**）				
（**4**）	（ 5 ）　　　　　　　　（ 8 ）			
（**5**）	（ a ）　　　　　　　　（ b ）			
（**6**）		（**7**）		（**8**）

解答・解説

（1）

（ 1 ） be known to 〜（〔人〕に知られている）。

（ 2 ） make A with B（A を B で作る）。ここでの B〔it〕は bamboo を指します。

（ 3 ） be made of 〜（〜でできている）。

（ 4 ） be surprised at 〜（〜に驚く）。

（ 6 ） for 〜（〔金額〕で）。for about $4,500 は（約 4500 ドルで）です。

（2） (A) 直前の and がヒントです。can be cut up と can be eaten が and で
つながれて，can be cut up and（can be）eaten となります。

(B) 直前の is most がヒントです。S is C〔名詞か形容詞〕となりますが，
most の後には形容詞か副詞が入るため，ここでは形容詞 amazing の
形にして「竹は最もすばらしい」とするのが適切です。(the) most
amazing は最上級です。

(D) 主語 one area の後に was，動詞 hit が続くことから受動態の過去形
の文だと判断できるため，hit の過去分詞形 hit が正解です。

(E) 動詞 lie を適切な形にします。文には動詞 were があるため，動詞で
はなく，直前の名詞を修飾する分詞にするとわかります。よって，現
在分詞を使い，concrete lying everywhere とするのが正解です。

(G) 直前の文に続き，竹の特徴について説明する文なので，直前の文と
同様に現在形にするのが適切です。主語の it は 3 人称単数です。

（3） 代名詞 that は前出の内容を指すことがあります。よって，直前の文の
内容を，it が何を指すか明確にして訳したものが正解です。

（4） **1** 竹をどこにでも使えるわけではない

2 竹は切られると緑色だ

3 竹は頑丈なだけではない

▶（ 5 ）直後の also がヒントです。also は同じイメージの情報を追加
するため，「安価である」と同じ**プラスイメージの内容**が空所に入ります。
よって「竹は頑丈なだけでなく，また安価である」となる **3** が正解です。
not only A but also B（A だけでなく B も）は重要表現です。

▶（ 8 ）直後の文では，But の後に竹に関してプラスな内容が書かれて
います。よって竹に関してマイナスな内容の **1** を入れるのが自然です。

（ 5 ）　　... enough to V（V できるほど〔十分に〕…）は，so ... that S can V（S が V できるほど…）で書き換えることができます。

（ 6 ）　**1**　だから　　　　　　　　　　**2**　なぜなら
　　　　　③　しかしながら　　　　　　**4**　例えば
　　　　▶それまで竹の長所が説明されてきたのに対し，空所直後で「竹にはいくつかの短所がある」とあるため，逆の内容をつなぐ**3**が入ります。

（ 7 ）　　　現在の固定方法の説明「木を竹の棒の両端に固定する。それから，木を釘付けしてくっつける」に合うのは**2**のイラストです。

（ 8 ）　**1**　沢山の異なった種類の竹があるが，それらはアジアでのみ見つかる。
　　　　　　→**第1段落**最終文「アメリカで見つかるものも少しある」という記述に矛盾します。
　　　　　②　竹は管の形状を持っているので，とても頑丈である。
　　　　　　→**第5段落**の内容に一致します。
　　　　　3　コスタリカの大きな地震の中心地では，約20軒の家が崩れた。
　　　　　　→**第4段落**第5文に「20軒の家が建っていた」という記述はありますが，崩れた家の数については書かれていません。
　　　　　4　竹は水の中でより頑丈になるので，大量に雨が降る地域で使われるべきだ。
　　　　　　→**第8段落**第4文「濡れた竹はより壊れやすくなる」に矛盾します。
　　　　　⑤　正しい状況で使われれば，竹は非常に役に立つことができる。
　　　　　　→**第9段落**最終文の内容に一致します。

Lesson
12

正　解					
（1）(各2点)	（ 1 ）3	（ 2 ）5	（ 3 ）1	（ 4 ）4	（ 6 ）2
（2）(各2点)	(A) eaten		(B) amazing	(D) hit	
	(E) lying		(G) burns		
（3）(6点)	竹が，木やコンクリート，鉄よりもはるかに頑丈であること。				
（4）(各3点)	（ 5 ）3			（ 8 ）1	
（5）(4点)	（ a ）so			（ b ）that	
（6）(4点)	3	**（7）**(4点)	2	**（8）**(6点)	2, 5

得点	(1回目) ／50点	(2回目)	(3回目)	CHECK YOUR LEVEL	0〜30点 ➡ *Work harder!* 31〜40点 ➡ *OK!* 41〜50点 ➡ *Way to go!*

Lesson 12
構造確認

[ ]＝名詞 ☐＝修飾される名詞 ＜ ＞＝形容詞・同格 （ ）＝副詞
S＝主語 V＝動詞 O＝目的語 C＝補語 '＝従節

❶ "What can you do (with bamboo)?" That's not a good question. A better question is, "What can't you do (with bamboo)?" Bamboo is (well) known to us. There are 350 different kinds of bamboo. Almost all of them grow (in Asia). A few, (though), are found (in America).

❷ Bamboo comes in handy (for all kinds of things). It can be cut up and eaten. It can be used (to make baskets or paper). Some people make mats, chair seats, curtains, and chopsticks (with it).

❸ Bamboo is most amazing, (though), (when it is used (for [building houses])). It is much stronger (than wood, concrete, or steel). (If you don't believe that), think about the story <in Costa Rica>.

❹ (In April 1991), there was a big earthquake (in Costa Rica). One area was hit (hard). Houses and hotels broke down (like piles <of matchsticks>). There were mountains <of concrete <lying everywhere>>. Twenty homes stood (in the center of the broken stones). They were made of bamboo. Not even one was broken and people were surprised (at the scene).

❺ It's hard [to understand [why bamboo is very strong]]. (Actually), the reason is its shape. Cut the bamboo, and you can find [that it is a tube]. A tube is a very strong shape, so the column will not bend.

構文解説

1 a few = a few kinds of bamboo。though は「けれども」の意味の副詞。

2 この文は竹と他のものを比べているのではなく，竹の状態どうしを比べて「竹は〜のときに最も驚くべき働きをする」と述べている。

3 like は「〜のように」の意味の前置詞。

4 It は後ろの不定詞（to understand 〜）を指す形式主語。why 〜 strong は understand の目的語の働きをする間接疑問。

【和訳】

❶「竹で何ができるだろうか？」それは良い質問ではない。より良い質問は、「竹でできないことは何だろうか？」だ。竹は私たちによく知られたものだ。竹には350の異なった種類がある。それらのほぼすべてがアジアで育つ。けれども、アメリカで見つかるものも少しある。

❷ 竹はすべての種類のものの役に立つ。切り分けて、食べることもできる。かごや紙を作るために使うこともできる。竹からマットや、椅子の座る部分、カーテン、箸を作る人もいる。

❸ けれども、竹が最もすばらしいのは、家を建てるために使われるときだ。竹は、木やコンクリート、鉄よりもはるかに頑丈だ。もしあなたがそれを信じないならば、コスタリカでの話について考えてみると良い。

❹ 1991年4月、コスタリカで大きな地震があった。ある地域は激しく打撃を受けた。家やホテルはマッチ棒の山のように崩れた。至る所に大量のコンクリートがあった。壊れた石の中心に20軒の家が建っていた。それらの家は竹でできていた。ただ1つも壊れたものはなく、人々はその光景に驚いた。

❺ 竹が頑丈な理由を理解するのは難しい。実は、理由はその形状なのだ。竹を切ると、それが管であることがわかるだろう。管は非常に頑丈な形状で、だから円柱が曲がることはないのだ。

重要語句リスト

❶
bamboo	名	竹
better	形	良い
		good-better-best
well known	熟	よく知られている
all of ～	熟	～の全て
a few	熟	少数のもの
though	副	けれども
found	動	～を見つける
		find-found-found

❷
come in handy	熟	役立つ
cut	動	～を切る
		cut-cut-cut
cut up	熟	切り分ける
eaten	動	～を食べる
		eat-ate-eaten
basket	名	かご
mat	名	マット
chair seat	名	椅子の座る部分
curtain	名	カーテン
chopsticks	名	箸
make A with B	熟	AをBで作る

❸
amazing	形	すばらしい
wood	名	木
concrete	名	コンクリート
steel	名	鉄
think about ～	熟	～について考える

❹
earthquake	名	地震
hit	動	(地震などが)打撃を与える
		hit-hit-hit
broke	動	壊れる
		break-broke-broken
break down	熟	崩れる
(a) pile of ～	熟	～の山
matchstick	名	マッチ棒
mountains of ～	熟	多量の～
lie	動	(物が)置かれている、ある
		→ ing形 は lying
everywhere	副	至る所に
stood	動	建つ
		stand-stood-stood
center	名	中心
be made of ～	熟	～でできている
even	副	.....さえ
be surprised at ～	熟	～に驚く
scene	名	光景

❺
understand	動	～を理解する
why S V	副	SがVする理由
		→whyは先行詞(the reason)が省略された関係副詞
actually	副	実は
shape	名	形状
tube	名	管
column	名	円柱
bend	動	曲がる

Lesson **12**

❻ Bamboo is not only strong; it's (also) cheap. The houses <of Costa Rica>
were built (for about $4,500 each). That is (because bamboo itself is very

cheap). (For one thing), it grows (fast). Some bamboo can grow up (to almost
one meter) (in a day)! So, bamboo can be cut down and used (after only one
year).

❼ [Using bamboo] is (also) simple. This is (because bamboo is light (enough
to be carried (by workers))). So, they don't need any machines or heavy trucks.

❽ (However), bamboo has some bad points. It burns (easily and quickly). The
danger <of fire> means [that bamboo should not be used (for big buildings)].
Water is (also) bad news (because wet bamboo becomes weaker). Bamboo
houses cannot be built (in areas <with heavy rain>). A final problem is [how
to put bamboo (together)]. (In the past), people tied it (together) (with rope
or wire). (Today), builders have a new way. They stick pieces of wood (to the
ends <of bamboo poles>). (Then), they nail the pieces of wood (together).

❾ (Now), engineers are continuing [to study bamboo and [how to use it]].
They have learned [it is very strong and very kind (to our earth)]. It is true
[that bamboo cannot be used (everywhere)]. But (in the right place), (for the
right use), [using bamboo (to make something)] is very smart.

20

25

30

35

---

5 V は can be cut down and (can be) used「切り倒されて使われることができる」。after
only one year は「(竹を植えて) わずか 1 年後に」の意味。

6 This は前文の内容を指す。「形容詞 + enough to do」は「〜できるほど (十分)…」の意味。
この文では受動態の不定詞 (to be carried) が使われている。light 以下は light enough for
workers to carry. と言い換えられる。

7 S means that 〜は「S は〜ということ [結果] になる」, should not be used for 〜は「〜
(のため) に使われるべきではない」の意味。

134

❻ 竹は頑丈なだけでなく，また安価である。コスタリカのそれらの家は，それぞれ約 4,500 ドルで建てられた。それは竹そのものが非常に安価だからだ。理由の１つとして，竹は速く成長する。１日で，１メートルまで成長する竹もある！　そのため，竹をたった１年で切り倒して使うことができるのだ。

❼ 竹を使うことはまた単純だ。これは，竹は人が運べるほど軽いからだ。そのため機械や大型トラックは必要ない。

❽ しかしながら，竹にはいくつかの短所がある。竹は容易に，そして速く燃える。火事の危険というのは，竹が大きな建物には使われるべきではないということを意味する［使われるべきでないということである］。濡れた竹はより壊れやすくなるので，水もまた望ましくない。竹でできた家は大雨の降る地域には建てることができない。最後の問題は竹を組み立てる方法だ。昔は，人々は竹を縄や針金で結び合わせていた。今日では，建築者は新しい方法を持っている。彼らは木を竹の棒の両端に固定する。それから，木を釘付けしてくっつける。

❾ 今，技師たちは竹や，その竹をどのように使うかについて研究し続けている。彼らは，竹が非常に頑丈で，地球に非常に優しいと学んだ。竹をどこにでも使えるわけでないのは事実だ。しかし，正しい場所，正しい用途であれば，何かを作るために竹を使うことは，非常に賢明である。

❻
☐ not only ...	熟	…なだけでなく
☐ cheap	形	安価な
☐ built	動	～を建てる
		build-built-built
☐ for	前	（金額）で
☐ That is because S V.	熟	それは S が V するためだ。
☐ itself	代	そのもの
☐ for one thing	熟	１つには
☐ grow up to ~	熟	成長して～になる
☐ meter	名	メートル
☐ cut down ~	熟	～を切り倒す

❼
☐ simple	形	単純な
☐ light	形	軽い，明るい
☐ ... enough to V	熟	V できるほど（十分に）…
☐ worker	名	労働者
☐ need	動	～を必要とする
☐ heavy truck	名	大型トラック

❽
☐ however	副	しかしながら
☐ burn	動	燃える
☐ easily	副	容易に，たやすく
☐ danger	名	危険
☐ fire	名	火事
☐ mean that S V	熟	S が V するということを意味する
☐ bad news	名	望ましくないもの
☐ wet	形	濡れた
☐ weak	形	壊れやすい，弱い
☐ heavy rain	名	大雨
☐ final	形	最後の
☐ how to V	熟	V の仕方，V する方法
☐ put together	熟	組み立てる
☐ in the past	熟	昔は
☐ tie together	熟	結び合わせる
☐ rope	名	縄
☐ wire	名	針金
☐ today	副	今日は
☐ builder	名	建築者
☐ way	名	方法，点
☐ stick	動	～を固定する
☐ (a) piece of ~	熟	１つの～
☐ end	名	端
☐ pole	名	柱
☐ nail	動	～を釘でたたきつけて作る

❾
☐ now	副	今日は
☐ engineer	名	技師
☐ continue to V	熟	V し続ける
☐ study	動	～を研究する
☐ learn (that) S V	動	S が V すると学ぶ
☐ be kind to ~	熟	～に親切である
☐ earth	名	地球
☐ right	形	適切な
☐ use	名	用途

Lesson
12

END　　135

【訂正のお知らせはコチラ】
　本書の内容に万が一誤りがございました場合は, 東進 WEB 書店 (https://www.toshin.com/books/) の本書ページにて随時お知らせいたしますので, こちらをご確認ください。☞

【問題文出典】※本書に掲載している英文は, 必要に応じて一部改変しています。
Lesson 01：清風高等学校　**Lesson 02**：国立高等専門学校　**Lesson 03**：明治学院高等学校　**Lesson 04**：高知学芸高等学校　**Lesson 05**：国立工業高等専門学校・国立商船高等専門学校・国立高等専門学校　**Lesson 06**：国立高等専門学校　**Lesson 07**：上宮太子高等学校　**Lesson 08**：城北高等学校　**Lesson 09**：関西学院高等部　**Lesson 10**：関西学院高等部　**Lesson 11**：京華高等学校　**Lesson 12**：関西学院高等部

大学受験　レベル別問題集シリーズ

英語長文レベル別問題集③ 標準編【改訂版】

発行日：2023年　　3月　1日　　初版発行
　　　　2024年　11月 14日　　第 5 版発行

　著者：**安河内哲也／大岩秀樹**

発行者：**永瀬昭幸**

編集担当：山村帆南
　発行所：**株式会社ナガセ**
　　　　　〒180-0003 東京都武蔵野市吉祥寺南町 1-29-2
　　　　　出版事業部（東進ブックス）
　　　　　TEL：0422-70-7456 ／ FAX：0422-70-7457
　　　　　URL：http://www.toshin.com/books（東進 WEB 書店）
　　　　　※本書を含む東進ブックスの最新情報は東進WEB書店をご覧ください。

制作協力：株式会社ティーシーシー（江口里菜）
編集協力：松下未歩　松本六花　三木龍瑛　湯本実果里
　　装丁：東進ブックス編集部
組版・印刷・製本：シナノ印刷株式会社
音声収録：財団法人英語教育協議会（ELEC）
音声出演：Jennifer Okano　Vicki Glass
　　　　　Guy Perryman　Alka Lodha
動画出演：Nick Norton

合格の秘訣1 全国屈指の実力講師陣

東進の実力講師陣 数多くのベストセラー参考書を執筆!!

東進ハイスクール・
東進衛星予備校では、
そうそうたる講師陣が君を熱く指導する!

本気で実力をつけたいと思うなら、やはり根本から理解させてくれる一流講師の授業を受けることが大切です。東進の講師は、日本全国から選りすぐられた大学受験のプロフェッショナル。何万人もの受験生を志望校合格へ導いてきたエキスパート達です。

英語

本物の英語力をとことん楽しく!日本の英語教育をリードするMr.4Skills.

安河内 哲也先生
[英語]

100万人を魅了した予備校界のカリスマ。抱腹絶倒の名講義を見逃すな!

今井 宏先生
[英語]

爆笑と感動の世界へようこそ。「スーパー速読法」で難解な長文も速読即解!

渡辺 勝彦先生
[英語]

雑誌『TIME』やベストセラーの翻訳も手掛け、英語界でその名を馳せる実力講師。

宮崎 尊先生
[英語]

いつのまにか英語を得意科目にしてしまう、情熱あふれる絶品授業!

大岩 秀樹先生
[英語]

全世界の上位5%(PassA)に輝く、世界基準のスーパー実力講師!

武藤 一也先生
[英語]

関西の実力講師が、全国の東進生に「わかる」感動を伝授。

慎 一之先生
[英語]

数学

数学を本質から理解し、あらゆる問題に対応できる力を与える珠玉の名講義!

志田 晶先生
[数学]

論理力と思考力を鍛え、問題解決力を養成。多数の東大合格者を輩出!

青木 純二先生
[数学]

「ワカル」を「デキル」に変える新しい数学は、君の思考力を刺激し、数学のイメージを覆す!

松田 聡平先生
[数学]

明快かつ緻密な講義が、君の「自立した数学力」を養成する!

寺田 英智先生
[数学]

付録**1**

国語

「脱・字面読み」トレーニングで、「読む力」を根本から改革する！
輿水 淳一先生
[現代文]

明快な構造板書と豊富な具体例で必ず君を納得させる！「本物」を伝える現代文の新鋭。
西原 剛先生
[現代文]

東大・難関大志望者から絶大なる信頼を得る本質の指導を追究。
栗原 隆先生
[古文]

ビジュアル解説で古文を簡単明快に解き明かす実力講師。
富井 健二先生
[古文]

縦横無尽な知識に裏打ちされた立体的な授業に、グングン引き込まれる！
三羽 邦美先生
[古文・漢文]

幅広い教養と明解な具体例を駆使した緩急自在の講義。漢文が身近になる！
寺師 貴憲先生
[漢文]

正司 光範先生
小論文、総合型、学校推薦型選抜のスペシャリストが、君の学問センスを磨き、執筆プロセスを直伝！
[小論文]

文章で自分を表現できれば、受験も人生も成功できますよ。「笑顔と努力」で合格を！
石関 直子先生
[小論文]

理科

正しい道具の使い方で、難問が驚くほどシンプルに見えてくる！
宮内 舞子先生
[物理]

化学現象を疑い化学全体を見通す"伝説の講義"は東大理三合格者も絶賛。
鎌田 真彰先生
[化学]

「なぜ」をとことん追究し「規則性」「法則性」が見えてくる大人気の授業！
立脇 香奈先生
[化学]

「いきもの」をこよなく愛する心が君の探究心を引き出す！生物の達人。
飯田 高明先生
[生物]

地歴公民

歴史の本質に迫る授業と、出題頻出の「表解板書」で圧倒的な信頼を得る！
金谷 俊一郎先生
[日本史]

つねに生徒と同じ目線に立って、入試問題に対する的確な思考法を教えてくれる。
井之上 勇先生
[日本史]

"受験世界史に荒巻あり"と言われる超実力人気講師！世界史の醍醐味を。
荒巻 豊志先生
[世界史]

世界史を「暗記」科目だなんて言わせない。正しく理解すれば必ず伸びることを一緒に体感しよう。
加藤 和樹先生
[世界史]

どんな複雑な歴史も難問も、シンプルな解説で本質から徹底理解できる。
清水 裕子先生
[世界史]

わかりやすい図解と統計の説明に定評。
山岡 信幸先生
[地理]

政治と経済のメカニズムを論理的に解明しながら、入試頻出ポイントを明確に示す。
清水 雅博先生
[公民]

「今」を知ることは「未来」の扉を開くこと。受験に留まらず、目標を高く、そして強く持て！
執行 康弘先生
[公民]

※書籍画像は2024年10月末時点のものです。

付録 **2**

合格の秘訣2 ココが違う 東進の指導

01 人にしかできないやる気を引き出す指導

夢と志は志望校合格への原動力！

夢・志を育む指導

東進では、将来を考えるイベントを毎月実施しています。夢・志は大学受験のその先を見据える、学習のモチベーションとなります。仲間とワクワクしながら将来の夢・志を考え、さらに志を言葉で表現していく機会を提供します。

一人ひとりを大切に君を個別にサポート

担任指導

東進が持つ豊富なデータに基づき君だけの合格設計図をともに考えます。熱誠指導でどんな時でも君のやる気を引き出します。

受験は団体戦！仲間と努力を楽しめる

チーム制

東進ではチームミーティングを実施しています。週に1度学習の進捗報告や将来の夢・目標について語り合う場です。一人じゃないから楽しく頑張れます。

現役合格者の声

東京大学 文科一類
中村 誠雄くん
東京都 私立 駒場東邦高校卒

林修先生の現代文記述・論述トレーニングは非常に良質で、大いに受講する価値があると感じました。また、担任指導やチームミーティングは心の支えでした。現状を共有でき、話せる相手がいることは、東進ならではで、受験という本来孤独な闘いにおける強みだと思います。

02 人間には不可能なことをAIが可能に

学力×志望校 一人ひとりに最適な演習をAIが提案！

AI演習

東進のAI演習講座は2017年から開講していて、のべ100万人以上の卒業生の、200億題にもおよぶ学習履歴や成績、合否等のビッグデータと、各大学入試を徹底的に分析した結果等の教務情報をもとに年々その精度が上がっています。2024年には全学年にAI演習講座が開講します。

■AI演習講座ラインアップ

高3生 苦手克服＆得点力を徹底強化！
「志望校別単元ジャンル演習講座」
「第一志望校対策演習講座」
「最難関4大学特別演習講座」

高2生 大学入試の定石を身につける！
「個人別定石問題演習講座」

高1生 素早く、深く基礎を理解！
「個人別基礎定着問題演習講座」 2024年夏 新規開講

現役合格者の声

千葉大学 医学部医学科
寺嶋 伶旺くん
千葉県立 船橋高校卒

高1の春に入学しました。野球部と両立しながら早くから勉強をする習慣がついていたことは僕が合格した要因の一つです。「志望校別単元ジャンル演習講座」は、AIが僕の苦手を分析して、最適な問題演習セットを提示してくれるため、集中的に弱点を克服することができました。

東進で勉強したいが、近くに校舎がない君は…

東進ハイスクール
在宅受講コースへ

「遠くて東進の校舎に通えない……」。そんな君も大丈夫！ 在宅受講コースなら自宅のパソコンを使って勉強できます。ご希望の方には、在宅受講コースのパンフレットをお送りいたします。お電話にてご連絡ください。学習・進路相談も随時可能です。 **0120-531-104**

03 本当に学力を伸ばすこだわり

楽しい！わかりやすい！そんな講師が勢揃い

実力講師陣

わかりやすいのは当たり前！おもしろくてやる気の出る授業を約束します。1・5倍速×集中受講の高速学習。そして、12レベルに細分化された授業を組み合わせ、スモールステップで学力を伸ばす君だけのカリキュラムをつくります。

パーフェクトマスターのしくみ

合格したら次の講座へステップアップ

授業	確認テスト	講座修了判定テスト
知識・概念の **修得**	知識・概念の **定着**	知識・概念の **定着**

毎授業後に確認テスト　　最後の講の確認テストに合格したら挑戦！

英単語1800語を最短1週間で修得！

高速マスター

基礎・基本を短期間で一気に身につける「高速マスター基礎力養成講座」を設置しています。オンラインで楽しく効率よく取り組めます。

本番レベル・スピード返却学力を伸ばす模試

東進模試

常に本番レベルの厳正実施。合格のために何をすべきか点数でわかります。WEBを活用し、最短中3日の成績表スピード返却を実施しています。

現役合格者の声

早稲田大学 基幹理工学部
津行 陽奈さん
神奈川県 私立 横浜雙葉高校卒

私が受験において大切だと感じたのは、長期的な積み重ねです。基礎力をつけるために「高速マスター基礎力養成講座」や授業後の「確認テスト」を満点にすること、模試の復習などを積み重ねていくことでどんどん合格に近づき合格することができたと思っています。

ついに登場！ 君の高校の進度に合わせて学習し、定期テストで高得点を取る！
高校別対応の個別指導コース

目指せ！「定期テスト」
20点アップ！
学年順位も急上昇!!

楽しく、集中が続く、授業の流れ

1. 導入

授業の冒頭では、講師と担任助手の先生が今回扱う内容を紹介します。

2. 授業

約15分の授業でポイントをわかりやすく伝えます。要点はテロップでも表示されるので、ポイントがよくわかります。

3. まとめ

授業が終わったら、次は確認テスト。その前に、授業のポイントをおさらいします。

合格の秘訣3 東進模試

※お問い合わせ先は付録7ページをご覧ください。

学力を伸ばす模試

▌本番を想定した「厳正実施」
統一実施日の「厳正実施」で、実際の入試と同じレベル・形式・試験範囲の「本番レベル」模試。
相対評価に加え、絶対評価で学力の伸びを具体的な点数で把握できます。

▌12大学のべ42回の「大学別模試」の実施
予備校界随一のラインアップで志望校に特化した"学力の精密検査"として活用できます(同日・直近日体験受験を含む)。

▌単元・ジャンル別の学力分析
対策すべき単元・ジャンルを一覧で明示。学習の優先順位がつけられます。

▌最短中5日で成績表返却 WEBでは最短中3日で成績を確認できます。※マーク型の模試のみ

▌合格指導解説授業 模試受験後に合格指導解説授業を実施。重要ポイントが手に取るようにわかります。

2024年度
東進模試 ラインアップ

共通テスト対策
- ▌共通テスト本番レベル模試 （全4回）
- ▌全国統一高校生テスト （全学年統一部門）（高2生部門）（高1生部門） 全2回

同日体験受験
- ▌共通テスト同日体験受験 全1回

記述・難関大対策
- ▌早慶上理・難関国公立大模試 全5回
- ▌全国有名国公私大模試 全5回
- ▌医学部82大学判定テスト 全2回

基礎学力チェック
- ▌高校レベル記述模試（高2）（高1） 全2回
- ▌大学合格基礎力判定テスト 全4回
- ▌全国統一中学生テスト（全学年統一部門）（中2生部門）（中1生部門） 全2回
- ▌中学学力判定テスト〈中2生〉〈中1生〉 全4回

※ 2024年度に実施予定の模試は、今後の状況により変更する場合があります。
最新の情報はホームページでご確認ください。

大学別対策
- ▌東大本番レベル模試 全4回
- ▌高2東大本番レベル模試 全4回
- ▌京大本番レベル模試 全4回
- ▌北大本番レベル模試 全2回
- ▌東北大本番レベル模試 全2回
- ▌名大本番レベル模試 全3回
- ▌阪大本番レベル模試 全3回
- ▌九大本番レベル模試 全3回
- ▌東工大本番レベル模試〔第1回〕
- ▌東京科学大本番レベル模試〔第2回〕 全2回
- ▌一橋大本番レベル模試 全2回
- ▌神戸大本番レベル模試 全2回
- ▌千葉大本番レベル模試 全1回
- ▌広島大本番レベル模試 全1回

同日体験受験
- ▌東大入試同日体験受験 全1回
- ▌東北大入試同日体験受験 全1回
- ▌名大入試同日体験受験 全1回

直近日体験受験 各1回
- ▌京大入試 直近日体験受験
- ▌北大入試 直近日体験受験
- ▌阪大入試 直近日体験受験
- ▌九大入試 直近日体験受験
- ▌東京科学大入試 直近日体験受験
- ▌一橋大入試 直近日体験受験

2024年 東進現役合格実績
受験を突破する力は未来を切り拓く力!

東大 現役合格実績日本一※1 6年連続800名超!

現役生のみ!講習生を含まず!

※1 2023年東大現役合格実績をホームページ・パンフレット・チラシ等で公表している予備校の中で最大（2023年JDnet調べ）。

東大834名

文科一類	118名	理科一類	300名
文科二類	115名	理科二類	121名
文科三類	113名	理科三類	42名
学校推薦型選抜 25名			

現役合格者の36.5%が東進生!

東京大学 現役合格おめでとう!!

東進生現役占有率 834 / 2,284

36.5%

全現役合格者に占める東進生の割合
2024年の東大全体の現役合格者は2,284名。東進の現役合格者は834名。東進生の占有率は36.5%。現役合格者の2.8人に1人が東進生です。

学校推薦型選抜も東進!
東大25名
学校推薦型選抜 現役合格者の27.7%が東進生! 推薦入試での東進現役占有率 27.7%

法学部	4名	工学部	8名
経済学部	1名	理学部	4名
文学部	1名	薬学部	2名
教育学部	1名	医学部医学科	1名
教養学部	3名		

京大493名 昨対+21名 史上最高!

現役生のみ!講習生を含まず!

総合人間学部	23名	医学部人間健康科学科	20名
文学部	37名	薬学部	14名
教育学部	10名	工学部	161名
法学部	56名	農学部	43名
経済学部	49名	特色入試（上記に含む）	24名
理学部	52名		
医学部医学科	28名		

'22 468名 '23 472名 '24 493名

早慶5,980名 昨対+239名 史上最高!※2

現役生のみ!講習生を含まず!

早稲田大	3,582名	慶應義塾大	2,398名
政治経済学部	472名	法学部	290名
法学部	354名	経済学部	368名
商学部	297名	商学部	487名
文化構想学部	276名	理工学部	576名
理工3学部	752名	医学部	39名
他	1,431名	他	638名

'22 5,678名 '23 5,741名 '24 5,980名

医学部医学科 1,800名 昨対+9名

史上最高!※2 現役生のみ!講習生を含まず!

国公立医・医	1,033名	防衛医科大学校を含む
私立医・医	767名	史上最高!※2

'22 1,658名 '23 1,791名 '24 1,800名

国公立医・医1,033名 防衛医科大学校を含む

東京大	43名	名古屋大	23名	筑波大	21名	横浜市立大	14名	神戸大	30名
京都大	28名	大阪大	23名	千葉大	25名	浜松医科大	19名	その他	
北海道大	18名	九州大	23名	東京医科歯科大	21名	大阪公立大	12名	国公立医・医 700名
東北大	16名								

私立医・医767名 昨対+40名 史上最高!

自治医大	32名	慶應義塾大	39名	東京慈恵会医科大	30名	関西医科大	49名	その他	
国際医療福祉大	80名	順天堂大	52名	日本医科大	42名			私立医・医 443名	

旧七帝大 + 東工大・一橋大・神戸大 4,599名

東京大	834名	東北大	389名	九州大	487名	一橋大	219名
京都大	493名	名古屋大	379名	東京工業大	219名	神戸大	483名
北海道大	450名	大阪大	646名				

国公立大16,320名

国公立 総合・学校推薦型選抜も東進!

旧七帝大 + 東工大・一橋大・神戸大 434名

東京大	24名	大阪大	57名
京都大	25名	九州大	38名
北海道大	24名	東京工業大	30名
東北大	119名	一橋大	10名
名古屋大	65名	神戸大	42名

国公立大・医 319名

国公立大学の総合・学校推薦型選抜の合格実績は、指定校推薦を除く、早稲田塾を含まない東進ハイスクール・東進衛星予備校の現役生のみの合同実績です。

上理明青立法中21,018名

上智大	1,605名	青山学院大	2,154名	法政大	3,833名
東京理科大	2,892名	立教大	2,730名	中央大	2,855名
明治大	4,949名				

関関同立13,491名

関西学院大	3,139名	同志社大	3,099名	立命館大	4,477名
関西大	2,776名				

日東駒専9,582名

日本大 3,560名	東洋大 3,575名	駒澤大 1,070名	専修大 1,377名

産近甲龍6,085名

京都産業大 614名	近畿大 3,686名	甲南大 669名	龍谷大 1,116名

ウェブサイトでもっと詳しく　東進　🔍 検索

※2 史上最高…東進のこれまでの実績の中で最大。

各大学の合格実績は、東進ネットワーク（東進ハイスクール、東進衛星予備校、早稲田塾）の現役生のみ、高3時在籍者のみの合同実績です。一人で複数合格した場合は、それぞれの合格者数に計上しています。

※2024年4月現在